谨 以 此 书

致 敬 永 远 的 我 们

跟暮烟学直播：

淘宝店铺直播

从入门到精通

暮烟 著

電子工業出版社
Publishing House of Electronics Industry
北京•BEIJING

内 容 简 介

淘宝天猫店的店铺直播已经逐渐成为商家带货和品牌推广的主流渠道。它的运营方法有别于达人直播，需要根据店铺的定位和类目商品的特点来运作。本书作者暮烟老师，是一位资深的电商从业者，拥有丰富的店铺直播经验。本书结合了暮烟老师从 0 到 1 打造自己直播间的经验，以及为上百位各类目商家打造淘宝直播间的心得，总结了一套具有实效的直播运营法则。

其中包括：店铺直播间的风格定位、店铺直播间运营人员与主播培训、店铺直播精细化运营和数据提升方法、店铺直播营销活动策划的多样性玩法和店铺直播的多种推广工具的使用方法等。看完本书，相信商家能够迅速提升直播间运营的技能。

图书在版编目（CIP）数据

跟暮烟学直播：淘宝店铺直播从入门到精通 / 暮烟著. —北京：电子工业出版社，2020.11
ISBN 978-7-121-39857-5

Ⅰ. ①跟… Ⅱ. ①暮… Ⅲ. ①网络营销 Ⅳ. ① F713.365.2

中国版本图书馆 CIP 数据核字（2020）第 210545 号

责任编辑：张彦红
印　　刷：北京市大天乐投资管理有限公司
装　　订：北京市大天乐投资管理有限公司
出版发行：电子工业出版社
　　　　　北京市海淀区万寿路 173 信箱　　邮编：100036
开　　本：720×1000　1/16　印张：16.5　字数：249 千字
版　　次：2020 年 11 月第 1 版
印　　次：2020 年 11 月第 1 次印刷
印　　数：3500 册　定价：79.00 元

凡所购买电子工业出版社图书有缺损问题，请向购买书店调换。若书店售缺，请与本社发行部联系，联系及邮购电话：（010）88254888，88258888。
质量投诉请发邮件至 zlts@phei.com.cn，盗版侵权举报请发邮件至 dbqq@phei.com.cn。
本书咨询联系方式：010-51260888-819，faq@phei.com.cn。

自 序

在店铺直播的蓝海中，我们如何乘风破浪

欢迎来到全新的直播时代!

2019 年，如果有一个年度十大关键词榜单，“直播”一定会成为其中之一。

在这一整年里，我们看到不计其数的明星和网红冲进大众的视野里，一时间叫得上来名字和叫不上来名字的艺人，都开始做直播带货。

当我们习惯去谈论薇娅今天的直播间卖了什么、哪一支口红又成为李佳琦口中的“oh my god!”的时候，这个时代已经斗转星移，悄悄地改变了。

这是一个传媒形式日新月异的时代。20 年前城市的大街小巷，音响店成为学生与年轻人定期闲逛的地方，小小的屋子中悬挂的小电视里，循环播放着当时的热门金曲，它们多半来自 S.H.E 或者周杰伦。

后来，音响店在城市里逐渐销声匿迹。有那么一段时间，你走进小卖部，会发现悠闲的店主不是在追剧就是在刷抖音，短视频 App 成为“杀时间”软件里的重要一员。

再然后，就是在 2019 年“双 11”的晚上，团队一起加班等待“双 11”的到来，小小的办公室里，女孩子们一半看着李佳琦的直播，一半守着薇娅，还要彼此互通信息 ：“李佳琦推荐的这个好。”“薇娅推荐的这个便宜！”

我知道，直播时代真的来了。

虽然我们听到了“时代的召唤”，但是商家喜忧参半，喜的是，一种新营销形式的红火会带来更多的机会，只要你拿出成本认真去做，但更多的人则是担心。

“我的团队人不多，预算也不多，目前店铺的销售还算稳定，我需要做直播吗？”

面对大部分店铺的这个问题，我会毫不犹豫地回答：“做，当然做。”

因为我看到了，直播的趋势像潮水一样涌来且不可逆转，从销售形式到转化机制，都是这个时代消费者和商家的刚需。可以说，直播是这个时代最先锋的销售形态，它让货能更精准地找到人。同时，通过主播详细、周到的讲解，大大缩减了消费者从心动到购买的时间差，很多详情页中无法表露出的产品特点，通过主播的语言表达、形象展示和实操验证，触发用户的购买心智，从而去下单。

其实我进入直播行业很早，最早可以追溯到直播销售形态的鼻祖——电视购物时。2017 年，我在一家粗粮企业做品牌营销工作，首次接触了电视购物渠道，被其严谨、专业的选品流程和灵活、高效的直播状态吸引，在与该渠道合作的过程中，也学会了很多面对摄像头卖货的小技巧，这些经历经过沉淀后变成我的直播营销经验。

到了 2018 年，遇到电商直播的崛起，我发现当时所学的方法大部分可以运用在直播行业中。从渠道属性上来定义，它们是不同的；而从营销玩法和主播直播状态上来界定，它们又如此相似。

从此我开始往“直播操盘手”角色上转变，身处直播行业的最前沿，不仅自己成为一个服装品牌直播团队的负责人，同时也以顾问和讲师形式参与了多个品牌的直播团队孵化工作，其中有珠宝类目、美妆个护类目、鞋服类目、日用家居类目等，在我们团队的帮助下，它们的转化率都有了不同程度的提升。

在短短两年时间里，我所在的品牌，在店铺粉丝量没有优势的情况下，通过营销玩法的创新、直播活动的策划，成为所在类目直播成效 Top 级的品牌，直播的转化率和直播间所承担的销售占比遥遥领先于其他同类品牌，一度被行业小二称赞为“优秀的商家逆袭案例”。

身处这样一个新兴的行业中，我不断与直播商家沟通，与小二沟通，与直播的团队沟通，沉淀下来的一些方法论和玩法，能更有效地落地在直播的工作中。直到今天，我第一次将精细化运营直播的方法论写了出来，所以《跟暮烟学直播：淘宝店铺直播从入门到精通》是一本能真正帮助商家、走完直播从 0 到 1 这关键步骤的书，也是一本帮助商家迅速提升转化率，并能在品牌直播中突围的书。

有学员问我，现在市面上与直播相关的书有很多，为什么你还要从零开始创作，它和其他书有什么区别?

本书最大的特点就是侧重讲解店铺直播。一方面，店铺直播更像是隶属于公司品牌运营团队的一部分，运营方式自主操控范畴较大，能够及时落地和呈现出来的直播玩法也很多；另一方面，一家企业或者店铺有自己的直播团队，有对直播业务负责的主管，有基于成本和利润建立的健全的考核机制，这是每一个商家在面对“直播潮”时应该去做的事情。

所以，《跟暮烟学直播：淘宝店铺直播从入门到精通》是一枚“定心丸”，我希望商家能够对自运营一个直播团队建立信心，相信在读完本书后，你能够迈出开拓新业务的脚步。

店铺直播并不难，只要肯动脑，只要肯努力。

我希望本书中的“方法论”，能够最大程度地帮助想要认真做直播的广大中小型商家，在店铺直播这股大潮中，商家可以拿着本书，一步一步地成为与这项业务齐头并进的一份子，与店铺直播一同成长，积累更多的经验，为自己的店铺带来更好的效益。

看完本书，你可以了解到以下几方面重要的内容。

- 店铺直播应该如何搭建一个优秀的直播团队。

本书从直播间的装修、主播的招募和培训、日常运营和数据复盘工作等方面，完整勾勒出一个成熟运营的店铺直播间应该具备的业务项目和工作流程，让团队可以根据书中的内容，以最快的时间组建直播团队，规划直播方案，并有条不紊地进入稳健的运营节奏中。

- 店铺直播应该如何灵活地玩转活动策划。

要问直播最大的特点是什么，必然是灵活地玩转店铺粉丝存量市场，同时用不断更新的活动方式和策略，刺激新用户的兴趣。左手复购，右手拉新，逐步把自己的直播变成一个优秀的“播品牌”。不断给用户带来具有新鲜感和参与感的活动策划方案，是店铺直播能够持续发展的价值所在。

- 作为直播团队的负责人，应该从哪几个方面去监督直播的运营。

当一个直播团队开始步入正轨后，作为一个团队的负责人，应该从哪几个方面去监督和审核团队直播的效果是符合目前行业和类目期待的，哪些数据才是考核团队绩效指标的关键性数据，以及对比竞店，我的优势和劣势分别在哪里……种种问题都可以在书中找到答案。在直播业务的发展中，我们发现做直播运营如逆水行舟，不进则退，只有每一个环节和内容如齿轮一般跟着直播的大势缓缓驱动，才能够掌握前进的风帆，占领更好的流量入口，为店铺带来更好的效益。

诚然，万事开头难，尤其是对于看起来更具有专业化和品牌属性“店铺直播”，好的规则和策略的落地犹如一栋高楼大厦的奠基，随着不断地挖掘和更新直播用户的痛点、痒点、爽点，每一种策划方案都能精准符合用户消费心理的需求，此时店铺直播方可成为一盘下起来游刃有余的棋。所谓“兵来将挡，水来土掩”，盘活一方肥沃的“直播”土壤，让更多灵动的营销玩法在这里开花。

最后，感谢为本书提供案例的商家朋友们；感谢提出过意见与建议的淘宝小二们；感谢为本书提供重要内容支撑的简易老师，谢谢你一直以来的支持和鼓励，这对我来说真的很重要；也感谢在 2020 年新冠肺炎疫情期间，夜夜创作到天明的我自己。

如果你想要咨询问题或有合作需求，欢迎关注我的公众号，与我联系。

如果你想收听或者收看更多与直播相关的课程，欢迎关注我的小鹅通。

直播时代，你我共同前行。

暮烟

2020 年 9 月 10 日

前 言

细数 2019 年，最热门的关键词莫过于“直播”，全民直播时代的到来，轰轰烈烈更新了过去多年来商家对于“内容营销”的认知，从平面，到动态的短视频，再到达人直播中声名鹊起的李佳琦和薇娅，在这个时代见证了“直播带货”的强大生命力。

然而，发展不会到此为止，今天我们看到的是达人直播池的欲满将溢，将有更大的趋势等着商家去尝试，那就是——店铺直播。

本书作者暮烟，广播电视编导专业毕业，电商从业 8 年，从品牌营销到聚焦内容营销，擅长站在品效合一的角度关注店铺直播的发展，帮助数百位商家踏出了直播的第一步。在此过程中，深深体会到商家运营直播的强烈期待以及经验不足，本书则有针对性地解决了各种实操问题。

本书结合作者从 0 到 1 打造直播间和为各类目商家服务的经验，总结了一套具有自身特色的直播运营法则，其中包括：

1. 店铺直播间的风格定位；

2. 店铺直播间运营人员与主播培训；

3. 店铺直播精细化运营和数据提升方法；

4. 店铺直播营销活动策划的多样性玩法；

5. 店铺直播的多种推广工具的使用方法。

从直播间装修到人员培训，从策划到复盘，从直播到推广，一一解释和落地直播间的运营法则。不论是对有直播经验的商家，还是对自播跃跃欲试的商家，均有重要的指导意义。

新商家可了解规则，老商家可提升直播的质量，并能够通过数据化的复盘和精准引流，具象化和细节指导直播间在蓝海市场中劈风斩浪，为店铺销售与品牌内容的构建带来更好的经验、心得，以及更多的用户基础。

本书特点

通过作者大量的亲身实践干货和诸多的案例分析，为店铺运营人员打造“轻，简，快”的自播方案，并且能很快上手，拉新、复购一手抓，彻底提升直播销售比重，带来更多的用户支持。

本书读者

店铺负责人：在最短的时间，以最快的速度将直播间搭建起来，并落地流程，梳理出重点岗位和核心工作，迅速组建直播团队，有条不紊地开展自播业务。

一线运营人员：免去了咨询、听课、参加培训的烦琐过程，用本书中介绍的运营技巧，可以迅速提升直播间管理和执行的效率，通过各种玩法提升直播间的销售和转化。

直播业务负责人：通过本书中给出的直播案例，迅速掌握直播的要点、重点、难点，在人员管理、培训等实操内容的核心知识点上，帮助他们迅速了解自播运营工作全貌，并能很快上手工作。

虽然本书中的内容大部分是针对自播商家的，但是对于达人直播和 MCN 机构的工作人员也有很好的指导意义。当主播的实力只能用“带货能力”去衡量时，每一个与直播相关的人员都必须要学会各种带货技巧，而这也是本书的核心竞争力。

目　录

第 1 章　直播普及，是响应时代召唤的结果　1

1.1　直播的商业化发展进程　2

1.2　为什么直播成为用户喜欢的购物方式　8

1.3　店铺直播的优势在哪里　20

1.4　店铺直播间的双重定位　28

1.5　优质的店铺直播有哪些特征　31

第 2 章　推动店铺直播驶入轨道　35

2.1　启动店铺直播，你需要知道的三件事　36

2.2　“三个知识点”缓解直播焦虑　47

第 3 章　从零开始搭建一个直播间　51

3.1　从零开始学直播　52

3.2　直播间的搭建　53

3.3　打造 C 位主播　63

3.4　幕后人员——直播间的大管家　78

第 4 章　直播间高效能货品管理　81

4.1　直播间货品运营误区与解决方案　82

4.2 排品——在直播间操控一盘“好棋” 92

4.3 播品——联动营销，引爆高效转化 100

第 5 章 店铺直播运营的阶段性目标全览 105

5.1 以五大数据为核心的运营拔节计划 106

5.2 从点击率做起——封面图 / 标题点击率的优化 107

5.3 停留时长——用户时间争夺战 115

5.4 转粉率——新老粉丝攻坚战 119

5.5 高效成交——多方位提升转化 124

5.6 分享率——让裂变带来新生机 130

第 6 章 打造直播间的“播品牌”营销方案 135

6.1 用策划的多样性提高直播效率 136

6.2 直播间的栏目化进程 152

6.3 把主播变 IP——主播人设打造方案 166

第 7 章 备战大促——直播团队高效运营法则 177

7.1 大促周期的直播运营工作 178

7.2 像电视购物一样做大促直播 185

第 8 章 数据“源动力”推动直播优化 193

8.1 从淘宝直播的权重说起 194

8.2 店铺直播数据复盘的“四表评定法” 197

8.3 如何完成业务的复盘与总结 203

第 9 章　零基础玩转直播推广工具　207

9.1　直通车推广直播　209

9.2　钻展推广直播　213

9.3　超级推荐推广直播　227

9.4　推广理念　232

第 10 章　店铺直播的未来趋势　243

10.1　5G 网络给直播行业带来的发展机遇　244

10.2　全民带货进行时　247

10.3　满足个性化定制的柔性供应链　249

10.4　虚拟主播的横空出世　250

1

第 1 章

直播普及，是响应时代召唤的结果

当我们聊直播时，在聊什么呢？

1.1 直播的商业化发展进程

2019 年，如果有一个年度十大关键词榜单，“直播”一定会成为其中之一。

在这一整年里，我们看到不计其数的直播网红走进大众的视野，甚至部分主播成为新浪热搜的常驻民。当我们习惯于谈论薇娅今天的直播间卖了什么、哪一支口红又得到了李佳琦的“oh my god”时，这个时代已经斗转星移，悄悄地改变了人们的购物方式。

电商直播，是什么时候开始走进大众视野的呢？这可能要追溯到 2016 年。

2016 年，各类型的直播 App 如雨后春笋一般纷纷浮现出来，但彼时的直播内容还是以秀场直播为主，主播为用户带来了百花齐放的直播内容，如音乐、舞蹈、游戏直播等。大部分秀场的主播还不具备充分的带货能力，盈利方式主要来源于观众对主播的“打赏”，即通过礼物兑换相应的金额。

当时很多直播的投资人与直播机构都在设想未来直播模式的转型，很多人认为，“打赏”形式一定不是未来的主流，直播只有与营销强关联，才能带来更稳定的市场增长。

在那一年，最先行动起来的就是淘宝直播。淘宝直播于 2016 年 3 月上线，首拨尝鲜试水的就是由淘宝一手打造出来的“淘女郎”群体，她们学着从淘宝模特，转型为直播带货的主播，薇娅也是在那个阶段，受邀成为淘宝主播的一份子的。

而后网红崛起，他们在淘宝平台的成长速度更快，张大奕、雪梨等网红开始打造有独特个人风格的网店，成为具备强带货力和粉丝黏性的个人 IP。“网红”开始成为一种现象级话题，网红也逐渐成为产品与用户之间高效衔接的新角色。

每一次产品上新，网红们都会在直播间带着模特一起试穿，介绍新品，公布上新时间，提醒用户加入购物车，大部分现货在上线的第一小时，就会被粉丝一抢而空，网红效应可见一斑。

直播带货与淘宝平台一起经历了高速的成长，在直播体系化逐渐成熟的背后，网红公司与淘宝平台渐渐发现，网红除了可以销售自己店铺的货品，也可以销售其他店铺的产品，只要商家支付合理的佣金，他们也可以在自己的直播中为其他品牌代言和站台。

为了尝试主播与商家店铺的联动带货，淘宝平台联合网红公司、品牌方，建立了一个合作的矩阵，邀请主播们走进品牌方的公司、工厂、溯源地，以带用户参观、走访为直播内容，在这个过程中介绍产品、带货，引导消费者下单。

2017 年 1 月，我有幸参加了一次这样的联动直播带货活动，这是我第一次与淘宝直播亲密接触。在直播中，我作为企业方主播配合网红主播介绍产品，与用户互动交流。那时店铺直播还是惯用横屏直播，直播后台也不如现在完善，但是第一场店铺直播就完成了 3000 多人次的观看，转化率在 2% 左右，从当时的直播情况来看，效果还是不错的。

2018 年是一个重要的转折年，在这一年里，抖音和快手两大短视频内容平台崛起，带来了营销新模式，即“短视频 + 直播”模式。二者的内容导向有所不同，抖音平台以分享美好的精致视频内容为主，成为美妆和服饰类产品的重要内容投放阵地，建立了以 KOL 为核心的短视频内容变现矩阵；而快手则以更加真实、接地气的平民意见领袖为主，更关注下沉市场中的用户需求。

在这一年里，电商直播发展迅速，拼多多、唯品会等平台都将直播看作重要的带货渠道之一，大力开发直播流量。在这一年里，电商直播百家争鸣的局面开始逐渐形成，如图 1-1 所示。

合作契机。

目前达人与商家之间的合作流程相对比较成熟，商家可以与达人的招商部门联系，提供产品样品和相关资料，通过多轮选品流程后，确定佣金和固定坑位费用，最终完成直播中的带货合作。

在这一系列环节中，招商选品的过程是最重要的环节，也是主播带货至关重要的命脉。就拿薇娅的谦寻团队来说，选品的严格程度堪比淘宝聚划算的选品规则，产品的评分、用户评价、产品成分、质量等皆需考量，主播也会参与到产品试用环节中，确保产品能够符合消费者的需求，也是为了实现直播中推广产品的转化效果最大化。

同一时期的抖音与小红书也是品牌方选择产品投放的优质内容渠道，尤其是国货美妆品牌“完美日记”“花西子”等，在抖音与小红书中建立自己的内容矩阵，使产品获得了强大的曝光力，充分凸显内容营销的优势，有测评，有试色，丰满而真实的内容让用户产生了信任感，单支口红到手价不到 50 元，让众多女性用户愿意花小钱尝鲜。

对比抖音与小红书中内容的沉淀，找到达人合作，再建立内容矩阵，都需要一定的时间才能够在曝光量上由量变产生质变。而直播则快得多，它就像一记速效药，在直播间，甚至可以缔造一个产品一夜成名的销售奇迹。

因为直播的超强带货力和品牌曝光力，想要和头部主播合作的品牌趋之若鹜。但并不是每一个商家都拥有合作的机会，纵观李佳琦和薇娅，每天晚上的直播坑位数量有限，更不用说大促阶段，与头部主播合作可以说是“一坑难求”。

面对海量产品，主播享有充分的议价权，商家既要考虑产品入池后的定价问题，又要统筹核算除去坑位费和佣金后的产品毛利；同时，众所周知的直播间极高的退货率也在考验着商家的承受力，种种严苛的要求让不少品牌方望而却步。

此外，头部主播之间的竞争也很激烈。在 2019 年“双 11”阶段的直播中，某品牌方正是因为无法权衡两大头部主播的直播权益，在二选一的情况下，造成了运营事故，一时间，消费者的负面评论直接让品牌方冲上新浪微博热搜，带来了严重的负面影响。

综合而言，达人主播已经能够玩转“货找人”的直播选品方法，但对于商家而言，这无疑是一种考验。

我们知道，用户的购物习惯是需要逐渐养成的，从线下实体购物，到线上购物，从接受图文信息，到短视频带货，一路发展到现在，逐渐形成直播购物的行为习惯。在这一环节中，达人直播带货对用户购物习惯的改变起到了推动作用，直播中能直观地了解产品，直播产品有更高的性价比，直播观看的效率和愉悦度都让用户逐渐认可并习惯了直播购物的模式。

但是用户的需求并没有得到真正满足，为什么呢？

达人直播的产品需要高频迭代，几乎每天都有所不同，如果用户急需购买某一产品，则可能需要等待很久的时间才能在该达人直播间遇到，还得准确匹配上直播时间，手速慢了还有可能产品售罄。在直播间，精准购买搭配自己想要的产品，具有一定的机缘巧合性。直播期间，在抢货氛围和主播话术的烘托下，用户容易冲动下单，而冷静后，可能会选择退款。

在达人直播间下单，冲动消费居多，用户是先了解产品，再思考自己的需求，从而完成下单，这并不是消费者常有的“需求导向型”购物习惯。

那么，谁能够满足用户从需求到购买的正向消费路径呢？店铺直播能满足。

2019 年年中，当达人直播的机制逐渐成熟后，店铺直播成为商家店铺内容渠道中的必需品，也成为淘宝直播的新一轮热门，店铺直播的增量逐渐提升。

2020年年初，淘宝直播负责人玄德召开了线上直播会议，宣讲2020年直播的发展趋势，有商家问道：达人直播和店铺直播，目前在淘宝直播中的占比是怎样的?

玄德回应道：目前在直播的销售额中30%由达人直播带来，70%由店铺直播带来。

自此，淘宝直播逐渐形成达人直播和店铺直播二分天下的态势，翻开了直播商业化的新篇章。

属于淘宝店铺直播的新时代，开始启程。

1.2 为什么直播成为用户喜欢的购物方式

其实在直播带货模式初露锋芒之时，这样的购物方式并没有得到大众的认可，更多的人认为直播只是线下导购的进阶状态，也更像是手机里的电视购物而已。

但从今天直播的发展来看，直播已经不仅仅是一种带货的渠道，而是由观看的用户、主播、品牌商和供应链端共同打造的直播生态圈，如图1-2所示。

在这一系列环节中，每一个角色各司其职，信息相互打通，最终呈现出正向发展的商业生态圈，不断推动直播行业的销售额稳步向前。根据数据显示，2019年，中国直播电商行业的总规模达到4338亿元，2020年，或有可能翻一番。

直播行业的优异表现，不禁让人思考，为什么直播如此受人喜欢?它的秘诀到底在哪里?

品牌商
策划出符合直播用户需求的优质产品；
完成产品的孵化和推广工作
主播
在直播中充分完成产品的推广，引导用户下单；
建立与粉丝高黏度、高互动的直播营销场景
直播
生态圈
上游供应链
解决产品的研发与生产；
负责产品质量与安全问题；
配合直播中的柔性供应需求
用户
产品下单，评价反馈；
与主播进行需求反馈，正向沟通；
促进产品优化升级

图 1-2

综合多方因素考量，直播成为一种新兴渠道绝非偶然，而是在用户消费心理变更、社会文化影响和直播间产品力提升等多方因素影响之下的必然结果，如图 1-3 所示。

图 1-3

1．用户消费心理影响

（1）用户非计划性需求提升，容易被直播内容吸引

过去，在线下购物的过程中，购买心态分为两种：

一种是消费者更强调买到产品的结果，当背起包出门时，往往心里有明确的需求，比如今天需要买一件新衣服。

另一种则是更加享受逛街本身“逛”带来的快乐，享受购物体验、试穿、沟通的过程。在这一场景中，购买产品的目的性弱化了，消磨时间的需求会增加。

这是两种不同场景和需求之间的角力，两种消费的状态没有绝对的好坏之分。但是，如果一个消费者更喜欢享受逛街的过程而弱化购买产品的结果，我们可以理解为该消费者购物中的计划性需求并不是太高，大部分产品在下单时具有即时性。

随着线上购物内容丰富程度的增加，不论是图文、短视频还是直播内容，场景的高频切换，在内容的触达过程中会给消费者以“逛街”的既视感。

这一点在直播中尤为明显，可以把直播间理解成一个小小的线上柜台，不断切换直播间，就是切换不同柜台的过程。在直播间，导购们用心服务，用心解答。在直播过程中，如果用户觉得生动有趣，就会在观看过程中被“种草”和转化。

内容营销之所以逐渐成为销售导向型 App 的重要组成部分，正是因为内容本身可以给大部分消费者以轻松愉悦感，这种愉悦感可以缓解消费者购买过程中的选择焦虑，还能在一定程度上建立用户的信任感，它们之间相辅相成。

随着内容生态的发展，内容营销的形式呈现出多样性，能够给消费者提供的购物场景也越来越丰富。试想在 5G 商用普及之后，直播间里的内容可以是原产地溯源，也可以是围绕着产品生产链的多场景切换，内容为转化率助力，会有更多的消费者对“内容营销”上瘾。

（2）追求价格导向

不管是达人直播还是店铺直播，最初给消费者留下的印象都是推荐好用的产品，但是现在，直播越来越倾向于成为获得更多优惠的内容渠道。如果一个店铺在日常价格稳定的情况下，把大部分产品的利益点拿到直播间来呈现，用户会倾向于选择在直播间下单。

店铺直播有多个利益点，可以使用关注券、满减券等，还有商家爱用的点赞券，只要用户完成相应的点赞次数，就可以获得优惠券。使用点赞券，既可以增加用户观看直播的在线时长，又可以提升直播间的互动率，对转化率也有一定的帮助。

在购物的过程中，用户的求廉动机是一直存在的。消费者会以追求价格低廉为购买动机，拥有这类动机的消费者对产品价格非常敏感，而直播间恰恰可以满足其需求，比如特价款、打折款、秒杀款等。所以，在直播活动的策划中，一些尾货的秒杀、断色断码款的抢购，更能够获得消费者的青睐，往往在这样的活动中，转化率比日销期间的转化率高。

我们建议商家，在店铺产品价格稳定的情况下，店铺私域先建立好直播间引流，同时给予直播一定的优惠力度，会让直播间的转化效果更好，直播的成效更加明显。

现在，有些店铺已经逐渐转型为直播型店铺，以店铺直播为主力销售渠道，店铺超过一半的销售额是在直播间成交的。这类店铺的产品在页面中呈现出的价格很稳定，店铺提供的利益点也不高，但是当用户点击进入直播间后，会发现有多种互动方式可以获得相应的优惠，甚至在不同的时段有不同的产品可以做秒杀，那么在直播场景下转化率就会非常高。

（3）购物的效仿欲望与从众心理

我们在研究消费者的购物动机时，会发现用户的购物习惯是逐渐养成的，这种习得性的购物习惯在用户的购物选择中占据了重要的位置。

从直播的发展趋势来看，用户对直播中的消费认可度越来越高，消费习惯逐渐得以形成。这种趋势会逐渐扩散，这也是淘宝直播在 2020 年能获得趋势的重要原因之一。

直播内容的趣味性、产品的优惠力度能够带动以消费者为中心的社交内容，当用户向身边的人推荐产品时，更习惯以购买渠道来代替购买的产品品牌。比如，用户在一位达人的直播间购买完产品，觉得不错后推荐给朋友，他会说：“这是我在看某达人直播时下单的产品，你试试看。”

在消费的过程中，群体意见会对个人意见产生影响，消费者也会主动寻求参照群体的支持，以减少购买的风险。如果参照的群体数量多，且更加具备可靠性，群体的消费习惯就会逐渐传播，从而形成相互影响的社交矩阵，渐渐将个人消费习惯演化成一种群体性消费习惯。

我们不断告知商家，在 2020 年一定要将直播间迅速搭建起来，开通直播，因为在消费习惯逐渐形成时，就会形成一种显而易见的大盘趋势。就如同我们经历过的从线下购物形式到线上购物形式的转移，今天的店铺购物也会逐渐演变为店铺直播购物。

未来店铺直播将会成为店铺销售的不可或缺的渠道之一，就如同店铺的客服系统一样，是店铺运营不可或缺的部分。

2. 社会文化影响

（1）KOL 兴起并逐步入池直播

经常接触互联网的商家们对 KOL 想必并不陌生，KOL 是英文 Key Opinion Leader 的简称，意思是“意见领袖”，代表着他们在各自的渠道和内容里能够给自己的粉丝传达一些理念和指导消费意见。

近几年，在互联网内容营销的矩阵里，KOL 成为重要的内容创作主力军。他们往往有比较明确的个人定位，比如生活分享类 KOL、美妆类 KOL 等，也有更加垂直的，比如母婴类 KOL、健身类 KOL 等。他们通过微博、小红书、抖音等平台，进行各种形式的内容分享。最普遍的是以图文和短视频为主的分享，内容中有优质干货，为消费者提供产品使用意见的参考。

KOL 对品牌在互联网上的形象和热度的影响力正在变得愈发重要，有调研报告显示，消费者对 KOL 的信任程度正在逐渐超过品牌本身。这一特征在美妆类目中尤为明显。比如，美国本土的美妆品牌在推广阶段，重要的任务之一就是确定 KOL 的投放名单，因为美妆品类的话语权大多掌握在美妆 KOL 的手里，他们才是能够决定产品销量的人。

KOL 的内容沉淀需要经过一个较长期的积累过程，也因为各平台喜好的不同，衍生出的 KOL 对内容的选择是不一样的。对比抖音的短视频内容和哔哩哔哩网站的长视频内容，一个是快、准、稳触达消费者，在 30 秒内吸引消费者的目光；另一个则是通过对视频内容的精致剪辑，在分享生活中顺带分享产品推荐。

二者在带货能力上的共同点是转化的效率稍低、转化的周期更长，用户看完视频后不一定会立刻下单，但对产品的印象会在脑海中停留更长的时间，让产品更具有品牌效应，后期需要该产品时再选择购买。利好的一面是视频得以长时间在平台传播和沉淀，所以转化更加具有长尾效应。

目前 KOL 已经不满足于图文和短视频形式的内容创作，各平台的 KOL 开始进军直播领域。的确，从用户触达与转化的效率来说，直播都是优于图文和短视频的。但这种内容的表现形式将更加考验 KOL 的各项综合能力，直播中实时的内容传播挑战着 KOL 的语言表达能力、产品推介逻辑，也考验团队的配合能力，毕竟在直播时，任何情况都有可能发生，且在直播中一旦出现意外情况（俗称直播“翻车”），将很难补救和挽回。

随着 KOL 直播的普及化，对于 KOL 自身的内容矩阵搭建，直播也会成为必不可少的一项。直播形式将会与 KOL 之间建立更紧密的关联，对于内容形式也有更多创意性的玩法。比如现在已经出现的虚拟主播带货等，技术和内容丰富程度的提升，都会让 KOL 直播带货的风头愈演愈烈。

（2）用户对内容的需求提升

如果问买家一个问题：你有多久没有认认真真看完一整篇详情页了？

我想大部分人的答案应该是：很久没有认真看过详情页了。

过去，我们针对自己店铺的用户做了一个调研，发现淘宝详情页距离用户越来越远了。在详情页中最重要的信息就是产品信息，比如材质、颜色、尺码等，至于其他文字和图片信息用户几乎没有太多的耐心一一看完。用户需要提升产品选择的效率，对于详情页中过多的文字和图片展现急需一个合适的替代品。

让我们来看看抖音里的短视频内容是如何推荐产品的！想要做好抖音的产品

推荐，首先，需要以最快的时间吸引消费者的注意力，如果进入主题的时间太慢，就会影响用户观看的兴趣，用户很有可能会迅速离开；其次，在内容中要留有悬念，让用户想要继续观看下去，不会看到一半就失去了耐心；最后，全篇的内容要有互动，有余音绕梁的感觉，让用户忍不住去点赞和评论。这样的短视频才能算是合格的产品推荐类短视频。

我们常说，从图文时代到短视频的发展史，就是智能手机的发展史，也是从 3G 到 4G 的变革史。高速的流量、清晰的画面、快捷方便的 UI 操作，种种变革给广大的消费者带来了更好的用户体验，也让他们对内容的需求不断提升。

让我们回头反思一下现在的主流用户对内容的需求，如图 1-4 所示。

图 1-4

首先，值得观赏的内容，即“内容可看性”当然是最重要的，内容本身的质量决定着用户是否有意愿观看。其次，高强度的“内容爆点”是刺激用户持续观看的良方。最后，内容本身给用户带来的干货，即“内容价值”，是消费者会不会选择持续观看，并建立高黏性的关键。

这些内容的需求点，在图文和短视频中，用户都可以得到一定的满足，但是与直播内容的丰富程度和灵活程度相比，图文和短视频还是有一定差距的。

直播作为一个即时传播且强调参与感的内容渠道，它拉近了用户与主播之间的距离。主播会实时关注到评论区中用户的评论，并给予反馈。在直播中得到反馈的用户更容易与主播持续互动，这种反馈机制的满足感是短视频很难企及的。

人
直播间用户的深度了解
完善成熟的主播管理机制
货
直播间的选品排品逻辑
灵活的货品管理制度
场
灵动高效的直播间营销活动
高阶的栏目定位与IP孵化
=
高成效的店铺直播运营

图 1-5

货品在任何渠道都有着举足轻重的地位，在直播间体现得更为明显。可以说，货品的定价体系、丰富度和商品价值对直播有着决定性的作用，作为直播这样一个围绕货品展开销售的渠道，可以说货品是直播间的“灵魂”所在。

众所周知，因为直播间销售导向性极强，往往一场直播就能够为新品的冷启动破局。而直播间的用户对于新品的追求也在不断提升，如果商家的直播间连续一个月都在销售同样的商品，那么直播的点击量和转化率将会受到限制，这是由用户的喜好和需求所决定的。

根据用户对新品的需求，商家需要高频地更迭直播新品，并果断做出决策：什么产品是爆品，值得加大下单量；什么产品可能销售能力不足，将不会再进行补单。种种要求，挑战着商家的供应能力。

拥有更加灵活、更加高效的供应链体系，已经成为商家销售运营能力的重要考核标准之一。

直播间的供应链的快反模式，指的是商家需要打通运营、商品、采购、检验等一系列的产品开发流程，以小步快跑的节奏，在直播间迅速测试出具有爆款潜力的新品，并对上游供应链进行统筹管理，让其能够最快地生产供应产品，最终实现新品冲爆款、爆品不断货的目标。

目前快反模式在服装行业使用得较为普遍。就拿羽绒服行业来说，过去商家完成产品下单后，通常需要等待 45~60 天的时间才能完成产品到仓库的过程，库存周转慢，影响了产品销售的周期，就可能出现爆款单品在销售最佳时期断色、断码的情况，亦有可能发生因下单量太大导致库存量大，带来货品积压的风险。

随着商家供应链实力的提升，目前优质的羽绒服供应链已经可以实现 7~15 天就完成小批量的产品供应，7 天完成首批单品入库，15 天内完成全部商品交货。

高效的生产能力被广泛地运用到店铺产品的销售中，在产品上新季动销良好的情况下，商家可以准备预售链接供消费者拍下，只需等待 7~15 天，用户就可以收到新产品了。

于是，在直播间出现了一种新玩法，商家可以不准备现货，在确定打样产品的成本和售价后，将样品拿到直播间来试穿和展示，所有的产品全靠预售形式销售，一方面完成销售的路径；另一方面通过预售测试产品的爆款潜力，从而决定是否翻单。

海量的新品涌入直播间，满足了用户对上新的需求。高效的生产机制，让消费者无须等待很久就能拿到心仪的产品。另一边，打通商家与供应链团队之间的信息通道。高速的信息流通，商家可以不断地根据用户评价优化产品，满足不断变化的消费主力人群的需求，时尚的、个性的流行款式让用户目不暇接，在直播间的营销场景中实现正向循环。

库存是每一个服装商家都最为头痛的不可控因素，但是通过快反供应链形式，首批下单量小，库存风险低，一旦发现产品不再受到消费者的青睐，就可以及时更换新品替代，合理规避下单量太大带来的库存风险。

总结一下，快反供应链带来了消费者和商家的双赢，满足了消费者购买高性价比爆款产品的需求。通过快反机制，最终呈现在直播间的爆品是经过市场多次验证的，有消费者数据举证，商家的转化率也会越来越高。

商家可以将核心精力放在产品优化和新技术的尝试上，不断刺激店铺运营能力的提升，加强对市场货品多元化迭代的反应能力。

1.3 店铺直播的优势在哪里

曾有一个商家找到我，打开她的店铺给我看，询问她是否应该做直播。

我仔细看了她的店铺，这是一个有 30 万粉丝积累、主打简约通勤风格的韩国女装代购店铺，商品价格在 300 元左右。我问她：你有什么理由不做直播？

在店铺直播逐渐成为主流营销渠道的进程里，仅靠优质货品和 30 万粉丝量这两点，该店铺就已经具备了一定的直播优势。只要做好前期策划工作，稳定直播时长，就可以获得不错的直播成效，这几乎是毋庸置疑的结果。

当平台的趋势如箭在弦上，蓄势待发时，店铺直播的优势会再度被放大。随着平台的发展，在不久的将来，店铺直播会成为大部分店铺的必需品，千家万户做直播，店铺仅仅是直播的载体。那么，对于普通商家来说，店铺直播的优势究竟在哪里？

1. 原有粉丝积累和沉淀带来用户触达的机会

对于淘宝渠道来说，店铺粉丝数量的多少是判定店铺核心竞争力的标准之一。粉丝已经成为一个店铺的重资产，店铺的粉丝量大，在搜索流量和推荐式流量上，可以获得一定的优势。

如果一个店铺在直播启动之时，就已经有了不错的粉丝积累，那么对于直播来说，这无异于获得了初始推动力，让直播在启动阶段就有了聚集人气的力量。所以，只要不是一个全新的店铺，只要这个店铺有一定的粉丝积累，就有机会将粉丝重新激活，引流到直播渠道中。

几乎所有的商家在店铺直播刚启动时都会担心两个问题：没人看怎么办、没人买怎么办。核心问题都落在了“人”上。

我们在为商家做诊断和策划时，和商家强调，之前被忽略的粉丝，要经过多轮的促活，让其知道你的直播已经开通。如果用户曾购买过一个店铺的产品，那么他对这个店铺至少有一定的印象，因此重新激活粉丝并不难。

首先，商家可以通过短信和客服信息等渠道告知用户，这相当于用小成本完善拉新促活工作。要知道，在各大平台，仅积累粉丝这一举动，就要花不少的成本，而在直播间天然形成的粉丝互动场景为吸粉环节减少了难度。

其次，不论是大促还是日销，如果用户发现直播间里的优惠力度大于店铺的优惠力度，那么直播间的转化率必然大于店铺的静默转化率。我们曾对某店铺的部分粉丝进行过调研，发现 60% 以上的用户已经养成了进入直播间寻找优惠券的购物习惯，在直播场景下活动策划和互动机制能够带动用户转化意向的提升。

我们在不少店铺的主页上发现有关注领取 5 元无门槛优惠券的优惠信息，这就是商家的吸粉策略，也有商家通过会员体系来拉动粉丝的沉淀。其实，这种用优惠券换粉丝的吸粉方式，在直播间会有更好的触达效果。主播的话术引导、侧边栏的直播贴片信息、店铺直播不断弹出的关注弹窗，都能够多次触达消费者，其传播的只有一个核心信息点：关注我，更优惠！

目前，在淘宝生态体系里，几乎没有什么内容可以像直播这样如此主动积极地触达用户。过去，很多商家抱怨自己的粉丝增速过慢，所以产生了直播这样一个主动吸粉的内容渠道，商家务必好好珍惜，促活老粉丝，拉动新粉丝关注，提升店铺的综合实力。

2. 商家可以掌控直播间货品运营的主动权

我曾经形容直播间的货品管理就像是小型的音乐现场秀，运营人员就是拿着指挥棒的指挥家，在每一场直播中，组什么样的货品，用什么样的价格，在运营人员的管理调度之下它们会产生不一样的效能。

首先，商家必然会对店铺的人群画像比较了解。人群可以对标货品，做出一定的适配性分析；同时，商家对每一款产品的销售情况、成本、毛利都比较清楚，直播间的货品运营就可以围绕着二者的联动来展开。对人群和产品的了解程度，能够引导商家在不同阶段推出不同的直播产品推广策略，让直播间的货品时常有更新，给消费者以新鲜感和复购欲望。

其次，商家可以自主操控直播间的产品价格。我们强调过，如果想要在直播间有更好的转化率，建议直播间的产品售价比店铺的产品售价略低，或者通过附加赠品的形式来提升直播间货品的价值。

商家通过对直播间的各项成本的审核，也要考虑到吸粉成本、推广成本等多项开支，尽可能在产品售价上进行权衡，保证直播间的利润稳定且不会因各项活动的力度而影响毛利，导致亏本。

最后，在直播运营过程中或有可能出现更为机动灵活的运营节奏。在直播间的货品运营中，产品排序和产品价格都可以由商家自主掌控，只要将产品放置在热门位上，便可以获得更高的曝光量和点击量。商家不仅可以调度每天不同的选品，调整产品的排序，还可以有针对性地打爆某一款单品，给用户以专享秒杀价格或者其他优惠。比如发现某款产品虽然位置不够好，但是转化率表现不错，便可以在之后的运营过程中，将该款产品调整至更好的位置。这款产品就是经过直播间的市场验证后，更吸引直播间用户的潜力爆款，值得商家在运营过程中给予更多的关注和推广。

商家一定要打通直播运营人员和商品管理人员之间的信息通道，在 2020 年的店铺直播中，可以参与更多的打榜活动，也可以跟随类目不同阶段的促销节奏，选择合适的产品，并重点关注产品的品牌赋能和运营节奏。这种对节奏的掌控和灵活的调度能力，在直播间运营工作中至关重要。

同时，我们也希望商家多多去了解类目的活动趋势，参与到打榜活动和类目推广活动中，掌握直播间营销的主动权，为直播间产品争取更多的曝光机会。

而店铺的货品管理是非常重要的一项内容，在后面的章节中，我们会更详细地讲解货品运营的方法。

3. 商家可以策划不同的营销玩法

如果将“人货场”理论应用在直播间中，那么各种不同的营销玩法就是指“场”这项内容。我们将“场”理解为一种直播间特有的营销场景，在以“人”和“货”为基础的前提下，在直播间演绎出不同的营销玩法，建立营销的矩阵内容来带动直播的销售成效。

我们发现，相比站内的其他内容营销形式，直播具有更加场景化的营销特性，镜头里直播间展现出来的形式是多样化的，是可以赋予直播内容本身更多活力的，所以我们说直播是“活”的，商家完全可以根据货品的亮点，结合内容的呈现与营销利益点的打造来提升直播的转化效果。

为什么说店铺的营销玩法是“活”的？

因为在直播间可以选择的玩法有很多，如图 1-6 所示。

图 1-6

货品玩法：商家可以组织以产品上新或者产品清仓为主题的活动，有针对性地对店铺的货品进行运营，在直播间展开试验。当一个新品进入直播间后，它的反响如何及用户对它的评价会变得更加直观，商家无须等到用户下单、购买后再获得用户反馈。在直播间对产品进行展示，与用户互动，让新品推广加速了产品从“幕后”走向“台前”的流程，商家也能够更好地判断产品的销售潜力，从而决定备货量。

内容玩法：这是更加具有创意性和灵活性的玩法，我们通过对直播间、主播的定位及内容的展示，让直播不再仅仅为销售服务，而是为品牌升量与用户记忆度服务，通过更加有吸引力的内容来提升用户的点击量和停留时长。比如一个销售戏曲服装的店铺，其直播间被装修成了京剧舞台的样子，每天都有京剧爱好者在直播间分享穿着感受，商家通过讲解中国戏曲文化、京剧唱段和戏曲服饰赏鉴，最终引导用户产生对戏曲服装的喜欢，并引导戏曲爱好者下单，如图 1-7 所示。

图 1-7

这样的形式就是以内容来带动消费者的沉淀的，它更能增加品牌的曝光量和粉丝的黏性。

店铺自主营销玩法：它更考验店铺直播间的自主运营能力。如果把直播间当成一个独立的渠道来看待，在直播间自建一个“聚划算”场景，就变得非常有必要。它通过内容策划，选好活动货品，制定好价格优惠策略，再通过信息触达，让更多的粉丝对店铺有所了解，最终引流到直播间来成交。店铺自主营销玩法如果形成惯性，同时固定时间和时长，就可以带动老客户的稳定复购；如果再加入首次下单的优惠策略，还能够为新用户的引流带来不错的效果。店铺自主营销玩法是商家在店铺直播运营初期就可以考虑的，对获得浮现权之前的直播冷启动阶段也有一定的帮助作用。

淘宝官方营销玩法：我们发现，随着店铺直播的发展，官方给到直播间的营销玩法和营销工具也越来越多，功能越来越健全，其中包括以拉新和复购为目的的各种优惠券、以获得更多公域流量为目的的打榜玩法、以直播间之间粉丝置换为目的的连麦玩法等。淘宝直播官方已经考虑到商家的不同需求，在直播运营的各个环节，为商家设计了好用的玩法和辅助工具，这对商家实操是有极大帮助的。大部分商家只要在直播间根据自己的需求选择合适的玩法，直播间的转化效果就必定比店铺成效好。

使用了官方玩法的商家，也有机会获得官方流量的支持，尤其是在大促阶段，不同类型的活动报名、不同位置的露出，更能够增加优秀运营商家的信心。数据越来越好，直播的状态就会越来越好。

综上所述，我们一直在强调商家要有自运营的主动性，多尝试、多测试，从实操的效果中逐渐找到直播的方法和技巧。在通往优质直播间的路上，还有很多值得商家们去尝试的内容，实践出真知。

4. 推荐式流量的新赛道

从 2019 年开始，淘宝的新推广工具“超级推荐”吸引了很多商家的关注，被称为“直钻淘”（即直通车、钻展、淘宝客）时代后的下一个推广核心工具。超级推荐的逻辑是以推荐式流量为核心，通过对标人群标签的精准投放，在首页“猜你喜欢”等位置展现。投放的场景有很多，除产品之外，商品的图文、短视频和直播都可以成为推广的主体，它可以覆盖站内外媒体资源的流量，做到人群的精准定向投放，效率高、转化快。

在微博上，有一句话被大家多次转发：手淘的“猜你喜欢”真的很讨厌，因为它猜的东西我真的很喜欢。虽然只是一句吐槽，但得以窥见，今天在“猜你喜欢”的浮现中，因为算法的精准，对用户的喜好掌握也变得非常精准。

比如，一个用户开始搜索“淡黄色长裙”，在完成几次产品的点击和浏览后，回到首页上，刷新“猜你喜欢”，就会发现页面上出现了“淡黄色”的服饰或“长裙”，或者出现了一些与其个人风格和喜好相近的服饰单品。这就是超级推荐的功劳，把你有可能会下单的产品送到你的面前，让你产生购买欲，从而下单。

在超级推荐逐渐成熟的今天，推广产品仅仅占一小部分，更多的商家会将推广的主题从产品本身变成直播间，推广的逻辑不变，但是由单品变成直播间后，点击进入直播间，就等于走进一个实体的柜台，消费者与主播面对面沟通。通过话术和活动的留存，让用户驻足在直播间不要离开，所以面向消费者打开的不仅仅是一个单品，而是一整个直播间的产品，用户有更大的可能性被直播间所吸引，在直播间完成下单。

目前，不少商家在使用过程中已经发现，使用超级推荐来推广直播间的投入产出比在逐渐提升。也正是因为其高效而精准的推广办法，让商家拥有了一个可以竞争流量的新赛道，有直播间的商家比没有直播间的商家多出了一个高效拉新和转化的“导购柜台”。也有不少商家在逐渐转型为直播店铺的路上，并逐渐将超级推荐视为最重要的推广渠道之一，倾注了很多精力去研究它的算法和推广成效。

其实，直播间 + 超级推荐，就是标准的内容 + 推广的玩法，被形容为“火箭上天”的过程。在运营直播间的过程中，直播间的视觉效果、主播话术能力、直播间的货品运营与营销活动力度，都是制造“火箭”的过程，“火箭”制造完成，直播间的内容本身丰富有趣，才能够让用户有停下来看一看、买一买的意愿。

而超级推荐就是发射火箭的点火装置，它能够将内容本身送往更高的地方，就如同推广至流量聚集的公域用户的面前，让用户看到，完成转化。

所以，不论是拉新还是复购，直播间与推广工具双管齐下会让直播的成效事半功倍，这也是商家必须掌握的运营技能之一。在后面的章节中，我们会详细地为大家梳理超级推荐与直播间的联动是如何实操的。

1.4 店铺直播间的双重定位

作为商家，首先要清楚地认识到店铺直播间的定位是怎样的，如果拥有了店铺直播，它又承载了怎样的身份信息。厘清自己的思路，更有利于在运营店铺直播的过程中，有的放矢，塑造自己的“直播间品牌”，并完善直播的内容营销。

店铺直播间普遍具有三种定位，分别是看店主播、在线导购和店铺 KOL，如图 1-8 所示。

图 1-8

1. 看店主播

在店铺直播运营初期阶段，商家对主播的需求是仅仅能够完成对用户评论的正常回复，不用进行过多的内容创造和栏目自运营工作，只是一个即时的客服存在，满足用户看产品、讲解产品、咨询回复即可。这是对店铺主播的基本要求，难度不高，客服人员或者运营人员都可以兼职完成直播工作。

2. 在线导购

当问及很多商家觉得店铺直播是怎样的存在时，大部分商家都会回答：这是一个导购的角色。

的确，直播间存在的目的之一就是为了通过直播的介绍和产品的展示去完成店铺产品下单，所以一个店铺直播间承担了“线上导购”的角色。这样一重身份的存在，是因为直播也在改变着用户的询单习惯。过去用户询单，都是与店铺客服人员进行一对一的沟通，在咨询中主要以文字为主，无法看到产品真实的“买家秀”，且客服询单有一定的延迟，如果遇到客服人员比较忙碌时，用户无法及时得到回复，则可能会带来用户的流失。

但是在直播间则可以缓解这样的问题。首先，在直播间就可以看到产品比较真实的样子，过滤了图片中的打光和美化，也规避了用户在选择产品时出现所谓“卖家秀”与“买家秀”差异过大的痛点。其次，直播间的询单是一对多的，用户在评论区询问，主播可以同时回答多个用户的提问。根据主播的推荐和讲解，用户也能够对产品做出更加适合自己的决策。

在直播间购物的过程与线下购物类似，主播即导购，为了能够带来成交，可以通过使用优惠券等多种玩法，引导用户尽快下单，带来转化。而催付在直播间更具有即时性，用户下单的概率会更大。

一旦用户意识到，在直播间看产品更真实，在直播间下单更实惠，那么其直播间询单习惯就会逐渐养成。消费者因为追求效率和性价比，其咨询行为就会从客服逐渐向直播间转移。

我们调研发现，大部分直播运营成熟的店铺，店铺直播的转化率都是高于店铺的静默转化率的。有些店铺因店铺直播的成效较好，已经减少了售前客服人员的数量，用户在咨询客服人员的过程中，就有一条快捷回复引导用户去直播间看产品和咨询。店铺直播转化快、效率高，商家获益良多。

3. 店铺 KOL

在 2019 年“双 11”母婴商家大会中，淘宝小二在会议中提出，在店铺直播运营过程中有一项极为重要的任务，就是孵化店铺自有红人。

在今天的淘宝体系里，红人的孵化已经不仅仅是达人直播的目标，在店铺直播中同样有学习和效仿的意义。

消费者在做购买决策时，更需要一个具有强有力身份背书的消费者提供参考意见。当商家拥有了店铺红人后，用户对其产品的信任感将会更强。

一方面，商家可以通过具有人格化导向的内容输出，使用户建立对店铺的基础认知和信任感。达人定位即店铺定位，此时主播不仅仅是主播，更是一个基于店铺的意见领袖，其能够给消费者提供的价值远大于主播身份本身。

另一方面，在淘宝直播的体系里，达人直播已经为内容导向打好前锋，达人更加了解消费者的需求，并且在直播货品和营销方法的运营上相对成熟，商家完全可以通过效仿达人直播来完成店铺直播的起步和定位工作。

从目前淘宝直播的入口我们可以发现，店铺直播和达人直播共享一个流量池，在手淘首页上店铺直播和达人直播通过同一个窗口进入，二者并没有做到明显的区分，所以店铺直播和达人直播在流量的分配上具有竞争关系。如果店铺直播通过自有红人的孵化，更具有达人直播的风格，则会吸引一部分达人的粉丝转向店铺直播，这对拉新有一定的好处。

其实很多商家对店铺直播存在一个误区，认为店铺直播必须要具备更大的品牌化效应，所以在直播的内容上趋向于标准化，不会选择达人直播等个人风格较为强烈的直播内容。但是实际上，商家完全可以把店铺直播的主播理解成品牌代言人，让这个代言人说出品牌理念和产品内容，而这与店铺的品牌策略是不冲突的。

在一些中小品牌的店铺直播的孵化中，如果店铺直播更具有达人直播的属性、人格化属性，并且不断提升内容的丰富度，那么这对直播内容的呈现会更有优势。

1.5 优质的店铺直播有哪些特征

直播是内容营销的一种形式，但“内容”和“营销”两个词需要分开看待，营销更注重成交转化率等一系列数据的结果导向，而内容没有绝对的好坏。思考内容做得怎样，更多的是根据脑海中的印象、定位、内容是否吸引人的感性认知来决定的。

那么，优质的店铺直播应该具有怎样的特征呢？下面做一个大致方向上的指引。

1. 内容定位清晰、明确

我们想象一个场景，当消费者来到一个直播间后，他思考的第一个问题是什么？

他应该会想：我来看一看这个直播间是什么样的，它卖什么样的产品，给人怎样的印象。可见，一个直播间的定位在消费者眼中是初步的认知，就像两个初次见面的人打了照面之后，基本的定位就已经留在了其脑海中。

在优质的店铺直播中，商家都有比较完善的视觉传达体系，让用户一进入直播间就知道店铺正在进行什么产品的直播。在直播间，也可以比较周全地进行信息传达，比如顶部、侧边、底部等不同位置的贴图，如图 1-9 所示，用来告知消费者本场直播的主题和活动利益点。这些都是直播间清晰、明确的内容定位的一部分，让人一目了然。

图 1-9

进阶要求是，直播间能够具有让消费者一见难忘的能力。别忘了，直播间也是品牌传播的重要阵地之一。假如直播间的装修和主播的表现能够让人“一见倾心”、印象深刻，那么这对于直播间的转粉和复购也会有很大的优势。用户只要足够信任你，就会在下一次需要此类产品时迅速想到你，如果达到了这样的目标，你的品牌就已经在消费者心中留下了深刻印象。

商家在开始做直播时，内容定位一定是打前锋的重要工作，“磨刀不误砍柴工”，思虑周全再全面开动，才能够让想法在直播中逐一落地。

2. 店铺产品好、迭代快

将直播间当成一个独立的内容渠道来看待，有一项重要的工作就是商品运营，直播间的销售潜力一方面是活动策划的力度；另一方面就是商品本身的价值是否能够更加吸引人。

2020 年有不少商家更新了自己的上新频率，从一个月上新一次变成了一个月上新两次。在高频率的上新中，将产品拿到直播间进行测试，或者通过直播间观众的喜好分析出潜力爆品，有针对性地进行开发和下单，是目前服装类商家正在尝试的新玩法。

店铺直播优质与否，影响用户的转化和停留时长。直播间产品是否经常更新决定了店铺直播的复购率高不高、二次曝光的能力强不强。

我们可以把直播间想象成一个线下的店铺。

如果这个店铺的柜台陈列的产品本来就不吸引人，你还会愿意走进去看吗？

如果这个店铺连续半个月都没有更新产品，橱窗里永远是老产品，你还愿意再次走进去购买吗？

所以，优质的店铺直播，一是需要直播间有较强的新品驱动力，不断上新，用户不容易产生观看疲劳，并能够常回直播间看看；二是根据大促和日销的不同需要，对产品数量进行一定的控制，这能够很好地调动用户观看直播的积极性和购买欲；三是对产品价格的调控比较灵活，根据对用户的了解，产品价格既不会过高，也不会过低，既能够让看直播的用户享受到一定的折扣福利，又不会影响店铺下单用户的感受。

产品管理是直播间管理中非常重要的一项内容，商家想要让直播产生新鲜感，带动直播效果的提升，就务必重视直播间产品的有效管理，找到每一个产品的核心价值。

3. 活动策划有趣且灵活

一般来说，我们把直播间的活动策划分成两种，其中一种是高效带货的导购类活动策划，这一系列活动以秒杀福利、直播间专享价、粉丝福利价等营销方法展开，既能够吸引老用户来相应场次的直播间完成成交，又能够通过新用户的尝新，建立初步认知，带来好的拉新流量。

另一种是以内容驱动的栏目式节目，比如请行业专家来直播间坐镇的专栏活动、品牌总裁来到直播间的“总裁驾到”活动等，这一类活动既有营销性质，又有话题性和品牌曝光效应，给各位商家以更多形式的露出机会，实现店铺直播的流量提升。

在一些优质的店铺直播中，有不少商家已经将以上两种活动营销形式常态化，每周或者每月在固定的时间段就不同的主题展开活动。但凡有活动的场次，直播间的人数会更多，用户会停留更长的时间，于是店铺直播就在一张一弛的活动节奏中，逐渐留下更多的用户。性价比高的活动力度，也为店铺带来高效的转化能力。

在策划活动时，我们告诉商家，一定要对身边发生的各种新闻和话题保持高度的敏感性。既然做内容，那么内容创作者永远需要和消费者保持在同一个节奏，这样才能策划出让消费者更有参与感的活动。

在策划活动中，产品的控价体系也是商家需要攻破的重点项目，降价一定要师出有名，产品价格的梯度管理要稳定且有理有据。所以，不论是老客户福利活动，还是营销型活动，都可以让消费者感受到商家并不是为降价而降价，而是为了真正调动消费者参与的积极性，从而通过活动提升更多消费者的好感度。

如果店铺的日常运营能够达到相对稳定的状态，那么优质的活动策划，必然能够为店铺直播内容质量的提升添砖加瓦。这些工作并不是一朝一夕就能够完成的，而是要通过策划、尝试、复盘，不断创造出活动的新玩法，这是提升直播效果的必经之路，同时也能够最大程度地激发品牌的传播能力。

2

第2章

推动店铺直播驶入轨道

2.1 启动店铺直播，你需要知道的三件事

从开通店铺直播的那一刻开始，商家就要做好充分的心理准备，直播一定不是一个临时起意的决定，而是基于互联网大环境，为满足内容形式的进阶和消费者的更高需求而制定的战略。

店铺直播不一定能帮助商家“一夜暴富”，想要做好直播也不可能一步到位，但是只要采用了正确的方式方法，大部分商家还是可以从各项数据中看到店铺直播立竿见影的效果。

从长远来看，店铺直播是当下市场中最值得倾注精力去尝试的内容营销形式之一，也是最灵活、最能够演绎出多样玩法的形式之一。

面对这样一种趋势，商家不可急功近利，而是要稳扎稳打，迈好直播的每一步，找对方式方法，才能在店铺直播中发现提升的契机。

大部分商家在发展直播时，都会经历三个阶段，分别是：筹备期、冷启动期和正式运营期，如图 2-1 所示。前两个阶段为正式运营期做好铺垫，是店铺直播必经的磨合阶段，大部分商家都可以通过这两个月的时间完成直播业务的熟悉、实操内容的掌握和店铺浮现权的获取。

在这一节中，我们所要阐述的主题就是“磨刀不误砍柴工”。我们会告诉商家，在店铺直播筹备阶段，需要做好哪些准备工作，如何用发展的眼光和全局观来制订店铺直播的成长计划，战略、战术两手抓，才能如同箭在弦上，蓄势待发。

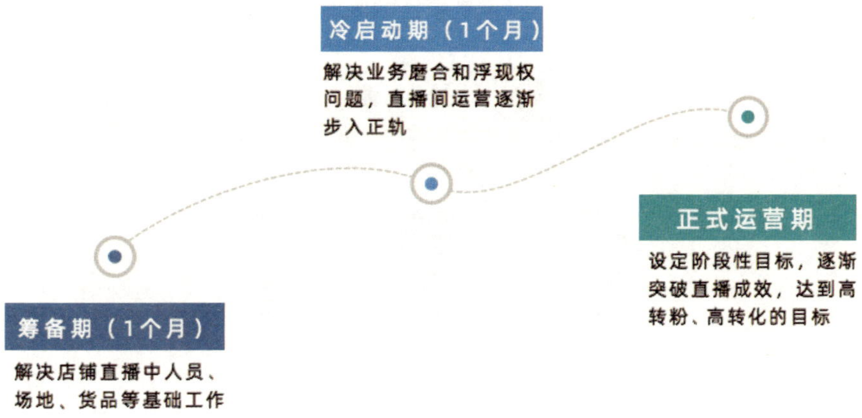

图 2-1

2.1.1 业务团队人员规划

对于任何一个公司来说，启动一个新的业务都是不简单的，万事开头难。

筹备直播业务，需要让公司里的大部分人员认可并且支持这一项目。

店铺直播与公司各项业务之间的关系非常紧密，直播等同于一个“店中店”，是一个“牵一发而动全身”的渠道，它与店铺运营强关联，也需要与商品运营甚至仓储物流、人力资源等多个部门和运作环节进行信息打通。

就拿仓储物流来说，表面上看，它似乎是与直播距离较远的一个业务，而实际上，在一些以直播为重点的公司里，考虑到合理优化直播渠道的退货退款率问题，在直播渠道（包括店铺直播和达人直播）中所销售的货品发货速度，是要优于店铺静默下单产品的发货速度的，这就与仓储物流渠道强关联。

店铺直播的负责人先要成立一个真正的直播团队，整个团队要学会合理调动公司前台、中台、后台的所有资源。

那么，直播团队的组织架构应该是怎样的呢？如图 2-2 所示。

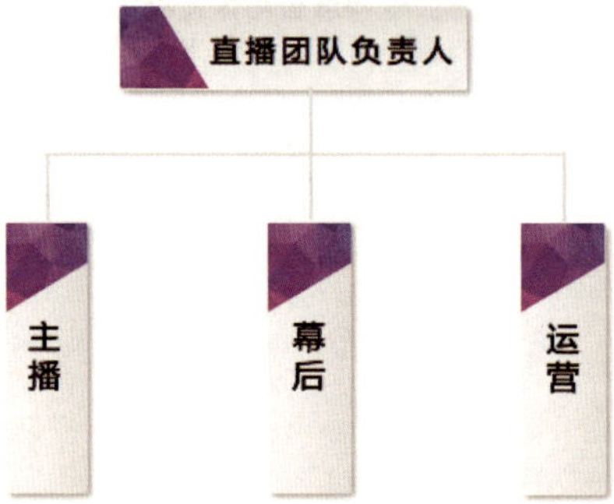

图 2-2

店铺直播团队必须有一个负责人来进行整体业务线的规划，我们称之为直播操盘手。

在直播的运营中，关于人员、商品和营销的种种策略都需要直播团队负责人来全权负责。在公司体量不大的情况下，直播团队负责人可以是老板，也可以是电商部门的负责人，但是当直播成为公司重点发展的渠道时，直播必须要有一个核心的操盘手来做最终的统筹和决策。直播团队负责人和电商渠道的负责人，他们的重要程度是差不多的。

在直播团队中，这几个角色是必需的：第一是主播；第二是幕后人员；第三是运营人员。这三个角色就能组成一个初创直播团队。

1．主播与幕后人员招聘

每一个直播间都必须有主播，主播在直播间无异于“台柱子”的角色。想要找到一位合适的主播，需要人力资源最先切入直播业务，做好主播和幕后人员的招聘与储备工作。

过去，我们在为商家做直播策划时，发现难倒商家的第一个问题就是不知道从哪里能招聘到主播，合适的人不好找，专业的主播薪酬又太高，在直播发展初期总是担心高额的人力成本问题。

商家所焦虑的问题其实不无道理，根据目前的市场价来看，在一线和二线城市，主播薪酬高达 150~200 元 / 小时，形象气质佳且有成熟直播经验的主播则多以“佣金 + 提成”的形式进行结算，月收入万元以上的不在少数。

作为商家，合理规划人力成本是渠道运营的第一要务，尤其是在直播发展的初期阶段，合理控制人力成本有助于保持稳定的投入产出比。

对于主播与幕后人员的招募，可以从几个方面来考虑。

（1）从现有员工中选择，比如客服人员和运营岗位人员

2020 年 4 月，我们协助一个酒品类目商家在公司中开始了第一届“闪亮新主播”的海选——面向公司中所有的运营人员、客服人员、产品研发岗位人员。在近 100 个员工中招募兼职主播，并针对兼职主播提出了不同维度的考核标准，如有较佳的形象、有一定的表达能力、对产品知识有一定的了解、对用户消费需求掌握得好等。经过层层筛选，选出了 10 位优秀的兼职主播，足以满足日常 6~8 小时的直播。

选择自己的员工做主播，最大的好处是管理便捷、时间分配灵活、人力成本可控。现有的员工对产品是有一定的了解和认可的，在主播话术上基本不需要较多培训，很快就可以上播。部分员工也很愿意在正常的工作时间之外，通过加班兼职来获得一定的费用。同时，员工对公司和产品的认可也能提升直播中话术的感染力，让用户更加信任商家。

（2）学生兼职主播招募

如果考虑到公司本身的人员就不够，则商家可以选择从学校招聘学生兼职主播。学生的特点是年轻、形象好、性格活泼，在直播间的表现会更加吸引消费者。

但是学生兼职相对于店铺自己的员工来说，略微有一些不稳定，商家将学生招聘过来之后，可以与学生签订较长期的劳动合同，保证店铺直播的稳定运营，避免出现主播“开天窗”的情况。

招聘学生兼职，可以在本地的招聘网站上发布招聘信息，或者通过校企合作等渠道，对合适的学生进行面试筛选后确定主播人选。

（3）全职导购主播招聘

2020 年是直播的热门年，不少曾经经营线下店铺的导购纷纷开始转型做线上主播，一个成熟的线下导购在带货能力上远胜于普通主播，因为他们已经非常了解消费者，能够洞悉消费者的购物需求，了解用户的消费心理，同时也能让线上场景中的沟通话术更加流畅和职业化。

如果商家能够招聘到一个具有丰富经验的线下导购来担任主播，且在试用中发现该主播的直播状态良好，则可以考虑直接与其签订长期劳动合同，日后在工作中着力将对方往店铺红人的方向打造——不论是通过店铺直播间的达人孵化，还是通过抖音、快手等渠道的淘宝站外引流策略，拥有熟练的带货能力的主播都是值得孵化成店铺 KOL 的。如果孵化比较成功，则可以实现事半功倍的引流成效。

（4）幕后人员招聘要求

相比于主播工作的专业性，幕后工作显得更加琐碎和细致，细致到开播时的直播预告设置、直播间的卫生打扫、货品的整理等，幕后人员就是主播的“绿叶”，为直播间的良好效果负责。同时，在直播中递送样品、发布红包、弹出产品等基础运营操作，也需要幕后人员的细致和认真。对待直播间的消费者，不论是主播还是幕后人员，都需要更多的耐心。

（5）运营人员的核心能力提升

就如之前提到的，直播类似于一个独立的渠道，那么直播的运营人员就是"一店之长"，其最重要的工作就是根据数据复盘提炼的信息，进行货品管理和活动运营。只有深耕数据、盘活货品、玩转营销节奏，才能算是优秀的运营者。

> 淘宝直播后台，是目前所有电商直播平台中数据展现最完备的渠道之一。

在淘宝直播飞速发展的这些年，我们能清晰地感知到平台玩法、后台操作的便捷程度以及数据的完备性都有所提升，商家可以在一些数据工具（如阿明工具、数据通等）的帮助下，获得更加完整的店铺运营信息。

互联网一步一步成功发展到今天，与后台日新月异的数据算法有直接的关系。所以，不论是直播运营还是店铺运营，对数据的处理能力都是运营能力的核心评判标准。

> 对于店铺直播的运营人员来说，第一个要练就的基本功就是掌握店铺直播的数据复盘方法，通过反复研究数据，找到本质问题，并且能够针对不同的问题找到相应的解决方案，从而不断提升直播间的直播效果。

在实操的过程中，运营人员与数据的亲密接触是需要一定时间融合的，并不是一朝一夕的事。比如，最开始统计数据复盘表格可能需要 2~3 小时才能完成，因为在直播渠道中数据的来源有很多，运营人员需要找到该数据，并经过合理的算法计算后输出。**所以，运营人员需要具有一定的数据整合和计算能力**。

运营人员也需要具备掌控数据关联营销信息的敏感度，即从数据中洞悉本质。

比如，在某主播直播的时间段，转化率陡然降低，这时就需要运营人员准确捕捉到数据降低和大盘趋势是否有关联、和产品或营销方案是否有直接的关联，或者通过回放，去发现主播话术和直播状态中可能存在的问题。

对于产品，直播的运营人员也要做到尽可能专业，了解每一个产品的成本和毛利，针对不同的营销目标制定合理的选品与排品策略，把好的产品放在好的活动里，再配合深入人心的营销玩法，让每一个产品都能在直播间重新“活”一次。

所以，直播的运营人员就是直播数据的“翻译官”，他会把直播中的数据翻译成现实的问题并找到相应的对策。通过对消费者需求的深度了解、对淘宝站内营销玩法的掌握，运营人员这一角色在未来直播行业的发展中至关重要，会逐渐成为公司运营团队的顶梁柱。

2. 团队业务信息流打通

当一个直播团队完成基础架构的建设之后，接下来的任务就是打通团队和运营、商品、研发、客服等部门之间的信息通道。

在直播的运营过程中，信息的流动性对运营效果有着至关重要的作用。比如，商品部门是与直播运营关系最紧密的团队之一，它需要不断地为直播运营团队提供库存盘点、货品价格的支持。打通与店铺运营团队之间的活动节奏，打通与客服团队之间的信息通道，也对完善直播间的服务性能有很大的帮助。

负责各板块的部门需要互通有无，至少每周保持一次周会沟通，通过直播数据来分析直播间货品和营销方式的优化。针对业务信息流，我们对核心团队提出了一些要求。

（1）商品部门

商品部门负责产品控价，合理调节店铺售价和直播间售价之间的关系；实时跟进产品库存，避免大促期间及日销出现断货情况，了解直播间的销售情况，根据用户需求调控爆款单品的下单量。

（2）运营部门

运营部门需要与直播部门同步店铺运营节奏，在产品定价、活动周期、主力单品、营销玩法等信息上保持对等；在店铺视觉设计和会员体系中，双方意见统一，共同确定触达用户的方案。

（3）客服部门

至少设定一位直播间专属客服人员，直接承接直播间产品的售前和售后问题，打通与直播间的信息交互，如活动力度、产品利益点、优惠券等信息；对直播间可能存在的售后问题进行一对一服务，避免用户在直播间评论、客诉或者抱怨而影响直播效果。

（4）人力资源部门

对主播的招募和培训是一项长期的工作，不论是提升主播的技能，还是为全职或兼职主播设定合理的薪酬绩效体系，人力资源部门都需要与直播运营部门保持沟通，确定合理的管理方案，保障部门人员的需求。

2.1.2 场地筹备进行时

1. 场地与空间

当商家开始运营直播时，可以先从目前现有的办公场所中寻找场地，可以是会议室，也可以是空置的办公间，匀出 10~20 平方米的场地，进行简单的装修后，用作直播间。

在直播前期运营的过程中考虑成本问题，这无可厚非，节约成本是必要的。由于商家的运营渠道不仅有淘宝直播，还有其他平台，而这些平台也能够开通直播。为了节约成本，一些商家将所有平台的直播嫁接到一个直播间，在主播的面前放置所有平台的直播摄像头，上传同样的货品，主播同场直播的内容展现在多个电商渠道中。

> 这里要提醒商家，目前几乎所有的直播渠道都不允许跨平台或跨店铺直播，即便同时拥有两个淘宝店铺，也不允许这两个店铺共享相同的直播内容。
>
> 在《淘宝直播白皮书》中规定：天猫商家不支持多个账号同时开播。

有些天猫商家推流同样的内容到多个直播间，违规获取公域流量。平台规定，天猫商家的主账号及其附属的多个子账号，均不可同时开播推流。

线上表现：若有多个直播间，第二个开播的直播间将会被阻塞，提示“该用户已经有直播内容”。

> 解决办法：可以通过区分直播时段来解决场地和人力成本问题，如早上时间直播 A 店铺，晚上时间直播 B 店铺。

同样因节约成本而可能产生的违规行为是录播（以视频录播内容充当直播内容，在直播间进行伪直播）。

曾有商家提出可以录制一段完整的直播视频，在之后的直播中反复使用这段视频，在直播间播放。这种行为依旧属于违规行为，一经发现，平台将根据违规性质进行处罚，处罚包括但不限于拉停直播间、删除直播内容、扣分并限制直播等，严重者清退账号。

直播的魅力，就在于它还原了购物过程中的即时性，所见即所得，咨询秒回复。实时的内容分享才是真“直播”，一旦采用录播，就牺牲了直播中极能打动用户的同场互动感，让直播内容瞬间变得任务化、流程化，直播也就不再具备灵活、有趣的生命力了。

> 综上所述，希望商家在直播运营的过程中，能够多了解平台的规则，不要发生无谓的运营失误，给店铺带来不必要的损失。

2．隔音效果

在确定了直播场地后，商家会对直播间做一些基础的装修，包括但不限于房间简装、背景设计、灯光优化等，但是有一项内容时常被商家忽略，就是场地的隔音效果。

如果商家是在现有的办公室里分割出一块区域搭建的直播间，则会出现隔音效果不佳的情况。如果日常办公交流较频繁、声音较多，在直播中就会听到断断续续的嘈杂声，影响直播的效果。

同时，在直播过程中，主播需要持续输出话术，有时为了渲染气氛，镜头前主播的声音要比日常更大、更洪亮，这样对办公室环境也会产生一定的影响。

因此，商家在做场地规划时，请务必考虑直播间的隔音问题。比如可以使用隔音棉，如图 2-3 所示，对房间的墙壁进行覆盖，让房间内外声音隔离，与日常办公环境互不干扰。

图 2-3

2.1.3 店铺直播申请

在进行基本筹备工作时，商家就可以同步去开通淘宝店铺直播的权限了。

以下为开通的步骤：

（1）下载淘宝主播 App，登录需开通直播的淘宝账号。

iOS 系统手机可通过 App Store 搜索“淘宝主播”进行下载，如图 2-4 所示。Android 系统手机可通过应用市场搜索“淘宝主播”下载。

（2）点击淘宝主播 App 首页中的“主播入驻”按钮，如图 2-5 所示。

图 2-4

图 2-5

（3）按照要求完成实人认证，如图 2-6 所示。

（4）审核通过后，选中“同意以下协议”，点击“完成”按钮，即可开通直播，如图 2-7 所示。

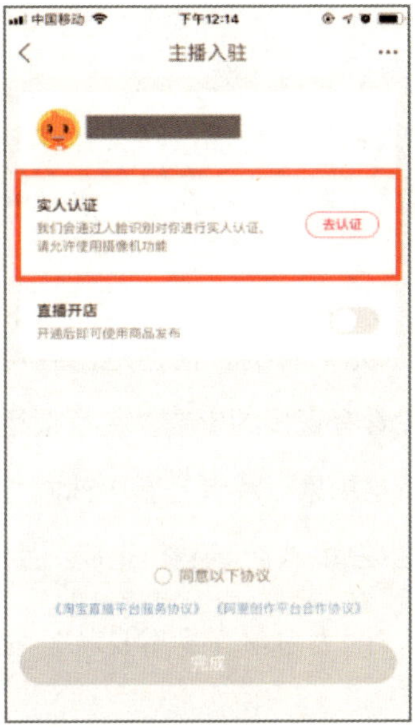

图 2-6

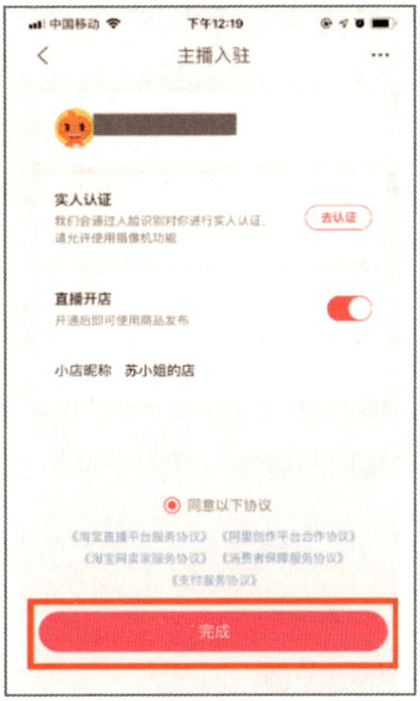

图 2-7

在完成以上操作后，商家就可以在手机端或者电脑端建立直播链接并进行直播了。

2.2 “三个知识点”缓解直播焦虑

“直播了，没人看，后来我就不播了。”

“每天人员成本太高，又卖不了多少钱。”

“直播每天都播，推广也做了，还是没有人看。”

刚开始运营店铺直播的商家频繁发出抱怨，感慨直播难做，尝试过几次后便选择放弃。这是可以理解的，但我们依然要告诉商家：稳住，你能行！

在直播运营初期阶段，商家需要知道以下几个知识点。

2.2.1 推动直播靠老用户

店铺首拨直播用户一定是基于该店铺过去积累的粉丝，以及有过购买、点击等行为的存量用户的，所以曝光基本靠老用户。想要突破存量，获得更多的拉新流量，是有难度的。

在直播运营初期阶段就能一击即中获得海量观看的，往往是已经有了大量用户积累的店铺，用户数量对直播间的点击和观看有直接的影响。在直播运营中，感到有压力和难度的店铺，可能是过去忽略了粉丝积累，或者是新店铺做直播，本来就没有自带流量的直播间，这是客观状况，也是每一个新直播间都会遇到的难题。

针对这个普适性难关，商家要放平心态，因为粉丝存量本身就是直播间运营效果提升的核心关键。

这一问题的解决方案只有一个：坚持。

商家可以问自己一个问题："我的用户到底有多少人真的知道店铺已经开通直播，并清楚地知道几点开播？"

想必大部分商家在这个问题上都会迟疑。诚然直播的新用户触达是很难的，但是第一步就要让自己的存量用户明白店铺直播正在如火如荼地展开，并完成已有用户的触达，如图 2-8 所示。这对运营初期的观看量有帮助，主播不会觉得直播冷清和无聊，商家基于观看数据会对直播更有信心。

图 2-8

2.2.2 关注比例，比关注数据本身更有意义

有商家说道："我的直播每天观看人次才 500，太少了。"

通过查看后台数据，我们发现该店铺每日的进店访客量在 5000 人次上下浮动，虽然直播访客量只有 500 人次，但是却占据了进店流量的 10%。随后通过调研我们发现，竞品店铺的直播访客量占全店访客量的比例也在 10% 左右，说明这个数据是比较正常的。可见，这个数据不足以让商家焦虑，在直播后期运营中，进店访客的直播间点击率才是流量提升的核心关键。

所以，还需要将直播间数据与自己店铺的数据进行横向对比，或者与竞品店铺的数据进行横向对比，才能看出问题所在，解决困惑、消除焦虑。

目前淘宝直播平台数据相对比较完善，商家可以通过生意参谋或者其他数据辅助工具查看直播间的各项数据指标，包括但不限于直播间点击率、直播间转化率、直播间销售额等。如果不进行横向对比，商家可能会被数据本身所影响，感觉直播成效不佳；而事实上，我们在实操中发现，直播间转化率是远高于店铺转化率的，这就代表直播的确是卓有成效的，只要直播得好，产品卖得一定比店铺静默下单好，这也为商家持续做直播建立了充足的信心。

2.2.3 店铺直播是一场持久战，而不是突击战

店铺直播是一场持久战，而不是突击战。这也反映出店铺直播和达人直播之间的差异。

达人直播靠的是短时间的"直播转化加速度"，更在乎在短时间内聚焦流量做销售额冲刺，将直播效果最大化，推到峰值。大家可以发现，晚间 19:00—24:00，是达人直播的主战场。达人日常直播的时间通常控制在 2~5 小时，速战速决，介

绍产品—上架产品—加库存—催付流程，一气呵成，用极具性价比和诱惑力的货品来打动追求购物效率的用户。

店铺直播则刚好相反，因为店铺是 24 小时在线，不论是早上 7:00，还是凌晨 2:00，用户都可以进入店铺购买，而进入店铺的这些用户，也有一定的概率进入直播间。所以，店铺直播比的是时长，比的是稳定住直播时段。

比如一个店铺每天固定直播时间是 9:00—21:00，在长达 12 小时的时间里，直播访客流量不断积累，用户只要在该时间段进入店铺，就有可能进入直播间购买。而有些商家，在进店流量较好的情况下，每天竟然只开播 2~3 小时，这在流量的沉淀上无疑是一种浪费。

在直播运营初期阶段，拉长直播时间，也可以成为数据测试的好方法。

商家可以尝试每天播出 8~12 小时，不论直播成效如何，都坚持播完一个月，再横向统计出本月每一天的流量波动情况，在考虑节约成本的基础上，舍弃低曝光、低转化时段，找到最佳直播时段，从而稳定住店铺直播时段。

这也不失为一种用数据说话，“好钢用在刀刃上”，节约直播成本的办法。与其苦思冥想直播多长时间，几点直播最合适，不如先从测试开始做起，让一切选择有迹可循，有理可依。

“直播焦虑感”是刚开通直播的商家普遍存在的问题，从现实情况来说，这可以理解，但是基于直播的趋势与淘宝直播的未来发展风向来看，这是一个没有退路的选择。请不要轻易放弃，因为如果有一天，当店铺直播成为大部分淘宝店铺标配之时，再去后悔当初不应冲动停止直播，可能为时已晚。

面对必然性趋势，商家最好的姿态就是坚持迎战风口，即便在直播流量不佳的风雨飘摇之时，也能够稳住心态，坚守目标，成为毫不动摇的“直播铁军”之一。

3

第3章

从零开始搭建一个直播间

3.1 从零开始学直播

从达人直播的火热发展到店铺直播的逐渐起势，已经有越来越多的商家把直播当成店铺的标配渠道。从属性上来分类，直播是站内内容渠道中最重要的板块；而从功能上来区分，直播是隶属于店铺却又需要用不同的运营方式另眼相待的销售渠道之一——它的存在如同一个线上的“实体店铺”，主播如同“商场导购”，销售模式类似于长尾的“电视购物”。

店铺直播迅速入池的商家使用直播渗透率（即：直播销售额 / 全店销售额 × 100%）来衡量每日直播的运营进展，也有商家逐渐用“直播 + 超级推荐”的营销模式来代替过去“产品 + 超级推荐”的营销模式。

什么是超级推荐？

超级推荐，是在手淘的猜你喜欢等推荐场景中穿插原生形式信息的推广产品。超级推荐包含三大板块：商品推广、图文推广和直播推广，它们分别推广不同形式的内容。

目前超级推荐是店铺直播常用的一款推广工具，在后续章节中，我们会详细讲解如何使用超级推荐做好直播推广。

曾经在淘宝站内崛起的品牌，我们称为“淘品牌”，“淘品牌”百花齐放给互联网商业体系带来了巨大的影响。今天更多的“抖品牌”（在抖音中崛起的品牌）“红品牌”（在小红书中崛起的品牌）逐渐成熟后，又有一种新的趋势离我们越来越近，那就是“播品牌”的诞生与崛起。

在 2019 年的天猫快销品年终总结会议上，“播品牌”的概念被提出，平台号召商家尽快完成店铺直播的布局，因为从站内流量数据来看，有 30% 来自达人直播，70% 来自商家直播。所以，只要允许店铺类目与直播产品进行直播，淘宝就鼓励商家尽快完成自运营，这是一个值得大部分商家尝试的新商机。

这时候，大部分商家都会问："直播，我也想做，到底从哪里着手？"

那我们就从零开始，学习如何迅速搭建一个全新的直播间。

3.2 直播间的搭建

3.2.1 直播间视觉 VI

当商家决定开始直播时，首先需要考虑的问题便是：在哪里播、是否需要准备一个新的空房间、如何装修直播间。让我们先来解决直播间视觉 VI 的问题，从场地的面积，到直播间的装修风格，让商家的脑海中出现对直播间的大致形态构想。

有不少商家将公司的储藏室或者会议室当成直播间，整体视觉 VI 没有经过完整的思考和包装，背景的白墙渗透出品牌生涩的仓促感。

不得不说，在店铺运营人员未有非常明确的规划方向时，一个干净、整洁、安静的场地就可以满足基本的直播需求。但是随着直播行业的职业化、体系化愈加完整，不少商家也意识到，如果没有一个真正的直播环境，将会让店铺直播失去专业度、品牌调性和用户的眼缘。

随着用户指尖的上下滑动，一个背景杂乱、灯光昏暗的非专业直播间将在 5 秒之内被划走，店铺将会错失很多消费者的"一见钟情"。也就是说，靠"颜值"来留住消费者，把消费者留在直播间的决策时间只有 5 秒。

在过去的工作中，我们接触和调研过直播，上百个商家的直播间，虽然直播类目不同、产品不同，但是直播间的场景功能搭建逻辑多半相通。

从定位自己的直播间开始，商家就要对场地做好完整的规划。

我们在看直播时，从镜头里看见的空间只有一部分，只能看到主播活动的范围，其实很多商家并不知道，镜头之外的空间往往承担了更多的职能。

一个健全的直播间，有哪些重要的区域、承载怎样的功能呢？如表 3-1 所示。

表 3-1

区域	功能	面积大小
直播区	能容纳主播及主播所需的道具、直播间背景、部分产品展示的位置	5 平方米左右，视产品展示需求调整大小
后台区域	幕后工作人员所处的位置，放置后台操作的电脑、手机，以及直播中需要使用的道具的场地	5 平方米左右，与主播距离近，方便协助工作
产品摆放区	摆放主播需要展示的样品货架，如果产品多、类目多，则需要安排较大的货架并按需求整齐摆放好，让幕后工作人员能够在最短的时间内找到产品	10 平方米左右，视产品体积和数量的需求调整大小
其他	主播试衣间，或者放置其他道具和搭配品的场地。比如女装直播间摆放鞋柜、箱包、首饰等的区域	5 平方米左右，视产品展示需求调整大小

可以说，一个正常运营的直播间，虽然镜头里展现出“麻雀虽小”，但实际上“五脏俱全”。在薇娅的直播间，我们曾经看到一整个房间被摆得满满当当，俨然一个小小的仓库，加上打光灯、摄像头、电脑桌等设备都需要占据一定的空间。

所以，商家在筹备直播间时，要有准备地预留一些空间，以备后期慢慢拓宽直播内容，提升直播需求层次。

如图 3-1 所示，这是某商家给自己的直播间做的区域分配图。从图中可以看到，直播区只占据了房间的一小部分，后台区域和产品摆放区则占据了更大的面积。该布局仅供各位商家参考。

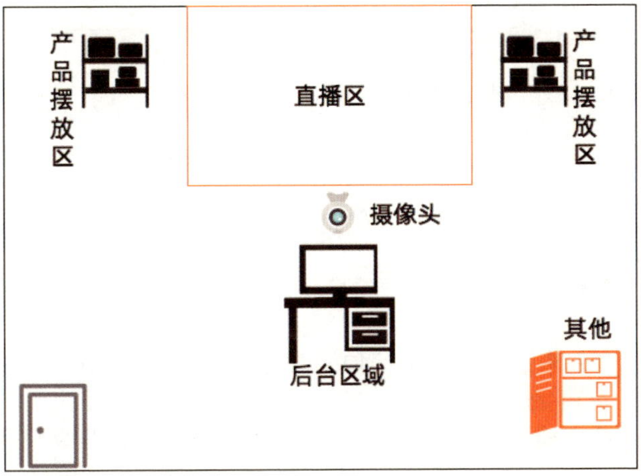

图 3-1

3.2.2 背景与软装

1. 背景

当完成直播间的初步选择并归置好后，运营人员就可以考虑直播间的装修事宜了。普通的直播间在装修上相对比较简单，基本只需要包含背景的一面或者两面的墙壁，以及为了烘托氛围而打造出的软装即可。

毋庸置疑，目前市场消费者使用的是竖屏手机，不论是主播选择站在画面的正中间撑满整个屏幕，还是以坐播的形式，露出自己上身的区域，这窄窄的屏幕都刚好只能容纳一个完整的人出现在直播的画面中。

这就要求所有的主播既要把产品挤进小小的一方天地，又要让自己在直播间里姿态好看、自然，成为直播间的重点。

所以，商家在选择背景和软装时，切记：

要简洁明了，背景不与人抢戏。

很多店铺的负责人在装修直播间时有一个小小的误区，认为装修直播间就像装修自己家里的电视墙一样，要有好的打光，要有墙纸，或者有好看吸引人的背景色，这样才能够让用户感觉眼前一亮。

而实际上，在对优秀的直播商家的调研中我们发现，结果恰恰相反。

从视觉体验感上来说，背景越简单、大方，越能够突出主角。

谁是主角？是主播吗？不是，每个卖家都应该知悉，在直播间，**有且只有一个主角，那就是主播手里的产品本身，主播也只是为产品站台的一个角色而已**。

我们发现很多直播间在背景中堆砌了太多的颜色、各式繁复的装饰品，或者直接以自己的产品货架为背景，比如卖鞋子的商家，在背景中摆放十几双爆款鞋子。看起来，是希望在直播的过程中完成“种草”，但是请仔细想一想：用户的眼睛，究竟是应该看向主播手中介绍的产品，还是应该看向琳琅满目的背景墙？

想要实现产品的“种草”，却适得其反，忽略了重点。

其实普通商家的直播间在背景的设计上非常简单，只需要一面简洁的背景墙，不需要有太多的装饰品，在墙壁上镶嵌好店铺的名字或品牌 Logo 即可，如图 3-2 所示。如果觉得画面单调，则可以摆放一些绿植或者壁画这样的小饰品提升调性。

也有很多主播无须站着直播，他们会选择坐在桌前直播，如图 3-3 所示。在主播坐下的位置背景墙上方镶嵌店铺的名字或品牌 Logo，面前的桌子上可选择摆放产品进行展示。

图 3-2

图 3-3

有商家说：既然不允许背景抢产品的视觉重心，那么我就直接用一整面白墙当作背景，干净的白墙应该能够凸显产品本身吧。

注意：不建议商家使用大面积的白色做直播间的背景。

首先，直播间的光线本来就很强烈，在直播间灯光的照射下白色的背景往往给人以清冷的感觉，与用户有距离感。

其次，如果以白色为底色，前景中的任何颜色都会显得格外突出。在摄像头前，如果主播的穿着颜色略显鲜艳，或者在移动状态下，摄像机就会有一瞬间的重新对焦，造成画面的模糊。

商家在考虑直播间的背景色时，相对保险的颜色是**灰色**、**米色**、**咖色系**，以及温和且没有视觉冲击力的莫兰迪色系。在直播间灯光的照射下，它们会与环境相融合，如图 3-4 所示。

图 3-4

如果品牌视觉体系成熟，则可以使用低饱和色系作为背景色，这会让直播间的视觉风格与品牌整体保持统一。

很多聪明的商家在考虑设计时都会想到背景的更迭。比如在大促阶段，或者在重要节日氛围中，商家可以独立设计几种备用的背景为直播间带来耳目一新的感觉。

商家可以做一面以电视为背景的背景墙，方便在电视上循环播放爆款产品的视频，或者展示一些产品的特写图片；再做一面以品牌 Logo 为主的背景墙，在大促期间更加强调品牌，给用户留下深刻印象，如图 3-5 所示。这样操作简单又方便，商家更换背景只需调整摄像头的角度即可。

图 3-5

事无绝对，还有一种情况，商家可以尝试在背景中大面积融入产品，即，**巧妙地将产品本身变成店铺的视觉识别体系**。

比如“口红一哥”李佳琦，在自己的直播间使用了两个巨大的置物架，摆满了自己常用的口红，整整齐齐，虽然数量多，但在视觉上并不会给人以杂乱感。加上“口红”的识别，既是他个人的标签，又是他专业身份的象征。

案例

一家卖专业观赏鱼缸的店铺，将自己的直播间一整面背景墙装修成精致好看的鱼缸，在打光灯的照射下，蓝莹莹的鱼缸中游动着红色的发财鱼，画面背景极为生动。这样的背景既调动了产品本身的亮点，又不会因为过度杂乱在视觉上让人产生反感。

除了上面所讲的直播间设计风格，**“拐角直播间”也被很多商家所采用**，尤其是女装商家，在直播间的设计中，为了提升品牌调性，塑造有空间感、场景感的视觉风格，他们把镜头对准了直播间里的一个拐角。

一面是墙壁，一面是窗帘，用 V 字形的空间构图，让直播间的夹角置于画面的黄金分割点上。天花板加墙壁加地板，三者撑起整个直播间的立体感，如图 3-6 所示。

商家也在直播间中配合使用精致的小沙发、小壁画作为点缀，让正在观看的用户觉得主播所在的位置并不是直播间，就像家中的一角一样和谐、自然，如图 3-7 所示。

经过如此设计，直播间中的主播也会因为这样的视觉调整而显得更高、更瘦。

图 3-6

图 3-7

2. 软装

在完成背景的搭建之后，商家就可以考虑软装问题了。最简单、最基础、适用于绝大部分直播间的，是选择**简约风的摆件、绿植、装饰画**，它们会给直播间带来自然、清新的感觉。

商家也可以根据自己销售的产品，搭配一些风格更加匹配的软装元素。

案 例

一家卖家庭 DIY 寿司工具的店铺，在直播间搭配使用了日式的屏风和招财猫，主播也穿上了日本厨师的和服、戴上了头巾，将直播间营造成如日式料理店一般的视觉风格，让人感觉亲切、真实。

原则上说，因为店主的品味和店铺的风格不同，在软装上商家可以集思广益。选择自己喜欢的，一些出其不意的小配饰、小道具亦有可能让消费者深深记住你。

案例

一家以销售萌趣小电器为主的店铺，在自己的直播间使用了粉色的背景，配合少女风的火烈鸟壁画，让小小的直播间看起来粉嫩可爱，糖果罐、曲奇饼干都成为直播间的装饰，颇有“小仙女的下午茶”氛围。主播通过直播自己 DIY 甜品和蛋糕的过程，吸引了不少年轻女性用户的关注。

3.2.3 灯光

有一位学员的女装店铺，为了让自己的直播间效果更加好看，在全国寻找最好的灯具供应链，花高额的费用去定制满足直播间直播的专业打光灯，对定制灯具提出了非常高的要求：

> 光，必须要柔和不刺眼、平行无阴影、好看不失真。

听起来是很简单的一句话，但是要做到这样的灯光效果，还真挺难的。显然，大部分商家是不需要如此苛刻的要求来进行初创直播的，在设计直播间的灯光时，只要保证灯光效果尽可能趋于柔和的平行光就可以了。

灯光有很多种，因光源、色温、照度、光束角等参数的不同，可以在直播间营造出不同的氛围。但是针对光源的选择，万变不离其宗，通透的平行光能够使直播间中的产品和主播显得更加好看。

在直播间常用的灯光基本可以分为四类：主灯、辅灯、顶灯、产品灯。它们的作用和特点分别如下。

主灯：为主播正面提供足量的光源，一般从主播的正前方照射，保证主播出镜的部分和所持的产品光源充足，细节清晰、无阴影。

辅灯：为人物左右两侧提供全方位的光源，让人物能无阴影和暗角地展现在直播间。一般一个主灯配两个辅灯，左右侧各一个。

顶灯：顶灯一般有一个较高的灯箱，从上往下将灯光均匀、柔和地洒在直播间，能同时关注到背景和地面。顶光可以确保人物形象的饱满，尤其是在直播间场地较大的情况下，顶光可以保证直播间大部分是明亮、清晰的。如果直播间的办公照明灯亮度较高，覆盖区域也较大，那么顶灯也可先不配置。

产品灯：考虑到商家销售的产品多种多样，有的大有的小，有的关注整体，有的关注局部，这里建议商家，如果产品的特点在于细节的展现，主播会将产品拿到镜头前看产品的特写，则可以在摄像头旁增加一个环形灯或者柔光球，让产品离镜头近时也不会失去光源的照耀。

在测试光源时，主播手拿产品出现在镜头中，检查镜头里光线明暗不均的地方，调整灯光的位置或强弱程度，对灯光进行均匀分布。商家可参考图 3-8 所示的灯光分布对自己的直播间灯光进行调整。

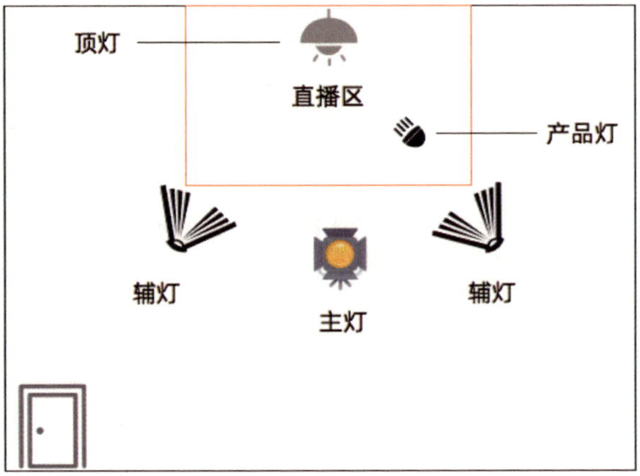

图 3-8

3.2.4 摄像头

很多人在看淘宝直播的过程中，总觉得直播间的效果不够清晰，所以他们在搭建自己的直播间时追求摄像头高清、画面清晰。

我们在为学员搭建直播间的过程中发现，目前大部分直播间使用普通的摄像头就可以满足直播要求。比如很多商家喜欢使用罗技（logitech）摄像头，型号如 C920、C1000e 等。通过产品说明书和客服人员的指导，摄像头的安装也很简单。

当然，如果你的产品需要极致的高清，比如珠宝和美妆品类的直播，则可以选择高清的奥顿（oton）A7+ 摄像头，通过高倍清晰的摄像头来展现产品的精致和细腻。也有一些商家直接使用单反相机作为直播间高清摄像头，让画面极致高清。

当商家完成直播间的装修后，就可以看到其大致效果了。万事俱备，只欠东风。接下来最重要的是解决“人”的问题。

3.3 打造 C 位主播

3.3.1 选对主播，事半功倍

在每个品牌和店铺的运营过程中，运营人员都会充分考虑“人”“货”“场”三个重要的环节，它们缺一不可，紧紧相连。

在运营店铺的过程中，商家必须掌握的一个数据，就是用户的画像数据：

我的用户是谁？

他们的年龄是怎样的？

他们来自哪些城市？

……

而这些数据，与直播间选择什么样的主播息息相关。

在选择主播时有两个原则：

要么选择与用户相似的主播，要么选择与用户相吸的主播。

1．相似性会给用户带来亲切感和共鸣感，提高互动性

我们曾为一家童装店铺做策划，这家店铺刚开始时是到学校招聘一些女大学生做兼职主播，商家认为只要将产品介绍得清楚、明白，就会达到满意的结果。而事实证明，女大学生在介绍产品时往往抓不到重点，因为没有抚养孩子的经验，导致她们并不知道孩子穿衣服要注意什么。

在直播过程中，当用户给出儿童的身高、体重，问应该购买什么样的尺码时，主播不了解，只能给出一个模糊的答案，导致用户体验感不佳，影响了转化。

随后我们调整了策略，招聘宝妈做主播，且宝妈的孩子的年龄刚好符合童装的用户客群。

试运营一周，直播的转化率是先前的 1.5~2 倍。

观察直播效果，我们发现宝妈主播在孩子的穿搭上颇有经验，她们更推荐用户选择耐脏耐磨、面料好、款式基础的服装，且购买大一号以便下一年还能穿。

我们还鼓励宝妈主播在直播间聊一些自己育儿的经验、辅导孩子写作业的经验等，类似的话题能够迅速激起用户的共鸣感，创造更多的互动。

一个月过去，其中两位宝妈主播已经有了自己的粉丝，她们的粉丝会在其上

播时段来直播间打卡，聊两句家常。

相似的身份和境遇会带来聊不完的话题，这样的互动性也能够推动直播效果和转化率的提升。

2. 与用户相吸会带来差异化，迅速转粉

有一家汽车用品店准备开直播，商家联系到我们，希望我们给出一些好的方案。

以下是他们最初的想法：

在线下汽车维修门店安排直播的区域，请店里的维修技师开一个干货讲堂，专门教用户如何更换雨刷、如何更换玻璃水等，从专业程度上提升用户的信任感。

这是一个好的方案，用内容驱动销售没有错。

我们分析了这家店铺的用户构成，78% 是男性用户。站在用户的角度来思考，当用户进入直播间后，发现一位老师傅正在讲解干货，背景凌乱，他们是否会觉得索然无味，顺手划走呢？

我们随即调整方案，建议在直播间安装一台互联网电视，循环播放各品牌汽车的宣传片，如宝马、奔驰、雷克萨斯等。

我们还在直播间安排了一位活泼可爱的女主播，她站在屏幕前，讲解各品牌汽车的品牌故事、驾驶性能、车辆的保养技巧等，并且在讲解的过程中，不时地向用户发问："你们觉得宝马的操控系统怎么样？""这款车子的外观你们喜欢吗？"……

类似的专业问题极大地调动了用户的互动性，同时在讲解车辆保养技巧的过程中，穿插介绍店铺的产品，引导用户下单。

商家可以观察一下自己所在类目的店铺直播，如果大部分商家都采用类似的

方式直播，那么差异化的内容更能够脱颖而出。大家都知道薇娅与李佳琦，这两位淘宝主播已经牢牢占据了淘宝达人直播的核心流量，成为当之无愧的“直播之王”，其实他们刚好各自具有这两个特色属性。

薇娅更加符合其直播间的用户画像，她与她的用户群极其相似，已婚且有一定消费能力的女性；而卖口红的男孩李佳琦则以男生买口红的差异化吸引消费者，性格可爱、活泼又幽默，还养了几只萌趣的小狗，捕获了一众小女生的芳心。

所以面向消费者，我们的确应该寻找更专业的主播，这里的“专业”并不仅仅体现在对产品知识的专业上，更重要的是懂得用户想要什么，更能够站在消费者的角度考虑问题。

用户看直播也是一种寻找意见领袖的方式，要么让用户在直播间看到自己，要么让用户发现直播间的主播比自己更有经验、更有想法，进而信任他、选择他。

3.3.2 形象

有人说，只要站在摄像头前，主播最真实的样子就会完全地暴露出来，其身上的一些优点会消失不见，而其缺点却会被用户无限放大。

就拿目前行业最严格的女装主播的要求来说，从面试开始，就对主播的身高、体重、样貌等有诸多要求。

比如，某女装品牌在招聘直播主播时有如下要求：

- 身高 162~165cm，体重不过百，胸围不超过 80cm。
- 皮肤白、脖子长、不塌肩、比例好。
- 长相可以甜美，可以温柔，但不可以看起来“土气”。

这样的要求称得上专业平模级别的要求了。比如胸围不宜过大、脖子长、不塌肩，都是为了让主播最好地穿出服装的效果。为了达到极致的服装效果，对主播进行层层筛选。

对于大部分店铺来说，招到这样专业的主播是有难度的。

下面我们就普通的主播形象要求提出一些基础判断标准。

1. 长相具有亲和力

有时候我们会这样形容一个人：这个人看上去很和善，那个人看上去挺不好惹的。

有的人看上去很好说话，有的人看上去就是一副不好相处的样子。

在招聘主播时，也许不需要对方美若天仙，但是第一眼感觉对方是亲切的还是冷漠的，作为店铺的运营人要有一个感性的判断。

具有亲和力的长相能够让我们在沟通中减少很多成本，如果一见到这个人就感觉很亲切，那么在直播间也就有了让用户继续看下去的吸引力。

当然，现在也有一些店铺为了差异化而差异化，直播间的主播走冷酷路线，不会为了粉丝而微笑卖萌。

这也是一种思路，不过其更适合一些特殊场景，比如在美妆场景中擅长欧美妆的主播。

2. 眼睛炯炯有神且目光坚定

我们知道，在直播间主播是品牌的形象代言人，是一个产品的深度体验者。

主播想拥有这样的形象，最重要的特质是自信。通常，我们在面试主播时会让其从身上携带的物件中挑选一件作为介绍的产品。当“1，2，3，action！”喊出来时，主播需要迅速地进入状态，开始介绍这件产品。

当一个人自信时，其说话的底气很足、声音洪亮、态度坚定，在介绍产品时，能把产品的亮点说清楚，且能站在用户的角度描述使用产品的感受。

全程她可以正常进行眼神交汇，不避讳、不紧张。在看着摄像头时，其表情放松、眉飞色舞，眼睛有神且灵动。

千万不要以为，镜头那边的人隔着屏幕就不会被眼神的感染力所影响，实际上主播与摄像头的每一次眼神接触，就是与用户的接触，用户会被主播坚定的眼神所吸引，相信主播所说的话。

3. 语言流畅，沟通顺畅

在直播间，我们没有办法看到屏幕那边的消费者长什么样、表情有怎样的变化，没有办法实现线下购物中的察言观色，那么这时语言就是唯一能触达消费者的方式。所以直播主播必备的一项技能，就是具有流畅的语言表达能力。

对主播语言表达能力的测试，从面试就开始了。

以下是我们在面试主播时采用的一些试题。

（1）请在身上找到任意一件产品，展开 3 分钟不间断的直播销售

这道试题是为了考查主播能不能在自己常用的产品中迅速找到销售亮点。对于一个使用过该产品的人来说，这个产品的优势和劣势其实有很多细节可以表达，如果连 3 分钟都说不满，又如何让这个产品打动镜头对面的消费者?

之所以要求“3 分钟不间断”，是因为直播间必须保持时刻在线的“购买氛围”，一旦主播停止 10~15 秒没有说话，或者在表达的过程中语句不流畅或有停顿，消费者很快就会失去耐心，划到另外一个直播间。直播间的暖场，需要数十分钟；而直播间冷却下来，只需要 15 秒。

(2)请模仿李佳琦或者薇娅，进行任意一款产品的展示

除了表达能力，模仿能力也是主播直播技能中特别重要的一点，我们会尝试让面试者去刻意模仿自己喜欢的红人或者主播，对产品进行展示，来确定其在日常工作和生活中对直播的了解程度。

模仿自己喜欢的主播，不仅仅是掌握该主播的标志性话术，如李佳琦的“oh my god”和“买它买它买它”，还有话术表达过程中的思维逻辑、演示的状态和针对消费者不同提问的回答，这些都是考查主播沟通能力的核心要素。

面试的人多了，渐渐就会发现：有些主播的语言特点能够带来不一样的直播感受，运营人员在工作中要详细了解主播的最具特点的表达方式，并且以此进行延伸，让主播发挥自己最大的优势。

比如我们之前招聘的一位主播是四川女生，她偶尔会蹦出来一两句四川话，显得非常俏皮可爱，我们就鼓励她在直播中讲一讲四川话，带动直播间的气氛。

3.3.3 话术

直播是一个由话术和主播状态建立起来的营销场景，是品牌与用户在线上最生动直接的沟通方式，话术优化是直播间能够迅速提升直播成效的最好办法。

为此，我们整合了一套话术讲解的方法论，叫作“直播话术三要素”。

1. 基础逻辑

在主播的话术培训中，产品介绍的逻辑是最重要的。我们先来看看李佳琦直播间的话术是怎样的。

下一个，我们德国 ××× 的黑咖啡来咯，德国家喻户晓的品牌，每家每户都

知道的品牌，让你知道喝咖啡一点都不贵！【开门见山，产品亮相】

这款咖啡是不含植脂末的，采用咖啡冻干技术，这一罐能泡五十几杯，每杯只需要几块钱。【产品亮点 1：技术壁垒】

经典还原了口感，去除了咖啡酸味，因为亚洲人不爱喝酸的咖啡。【产品亮点 2：击中痛点】

坐办公室的女孩，我和你们说，好莱坞的明星每天早上都喝一杯黑咖啡，排除水肿又提神。【产品亮点 3：强调人群】

原价 83 元一瓶，佳琦直播间 68 元一杯，只有 2 万份，女生们赶紧去买！【强调数量，催促下单】

现在用户对内容的需求变得越来越“短、平、快”，就像在抖音视频中，如果几秒内不切入重点，就会造成用户的大量流失，所以我们必须以最快的时间把最重要的内容讲完。

> **主播可以使用“1 亮相 +3 亮点 +1 指令”的形式，完成产品的叙述。**

（1）开门见山一亮相

对于一部分消费者来说，主播介绍产品的第一句话就已经能够让他们决定是否需要购买这个产品。可见，在引出话题时，一定要有足够的吸引力。我们往往会采用以下几种切入方式。

- 对产品的一句话介绍。比如，接下来给大家推荐的是咱们家最有性价比的一款运动鞋。
- 由热点话题引出产品。比如，这两天有好多人问某明星在节目中用的防晒产品怎么样，其实我们家的这款防晒霜完全不输给它。

- 由利益点来提升产品的关注度。比如，接下来的这款产品是店铺第一次做活动哦。
- 构建痛点来引导消费者关注。比如，很多女孩喜欢吃火锅炸鸡，吃了又有负罪感，怎么办？可以试试我们家这款黑麦茶。
- 以自身的喜好来完成消费者的关注。比如，接下来给大家推荐我这种大干皮最喜欢的粉底霜。

以上这些方式是我们在实践的过程中逐渐摸索出来的。各商家也可以根据自己店铺的产品特征、消费者的喜好寻找切入话题的关键，多去和消费者沟通，多看评价中用户关注的亮点，就可以产生共鸣，迅速切入。

（2）言简意赅三重点

我们发现很多商家在店铺的直播中不是觉得自己的产品亮点少，而是在直播间讲述产品的亮点太多、冗杂，一番介绍下来，消费者能记住的根本就没有几个。这里提醒商家注意，不论你的产品亮点有多少、卖点有多特别，能够迅速让消费者记住的最多只有三点，所以你要在所有的亮点中寻找到最有特色的，用言简意赅的方式表达出来。

产品亮点如表 3-2 所示。

表 3-2

话题核心	可呈现的内容	解释举例
产品背书	主播人设	如拥有化妆师身份推荐美妆
	产品知识	产品干货知识，如教大家如何分辨玉石品质等级
	产品介绍	产品的产地介绍、当地的环境介绍，有哪些让人印象深刻的特点

续表

话题核心	可呈现的内容	解释举例
品牌背书	品牌介绍	介绍品牌的发展历程吗，建立信誉度
	实力介绍	对品牌的软硬实力进行介绍，如拥有驰名商标或央视上榜品牌等
	技术壁垒	人无我有、人有我精的技术壁垒，如各类科技专利等
场景具象	适合人群	指出对标人群，唤起关注
	人群痛点	可以解决这类人群什么样的需求、什么样的痛点
	故事与段子	**用讲段子的形式来描述产品**
	感性驱动	如国货产品和扶贫产品的情感因素等
利益点（尤其是在大促阶段）	打折的原因和理由	明确产品价格降低的原因，让消费者信服
	竞品价格对比	与竞品价格进行对比
	日常价格对比	与日常价格进行对比
	线下价格对比	与商超价格进行对比

这里着重说一下故事与段子。

在指导主播的话术中，我们发现把卖点演变成故事的形式，更能受到消费者的喜欢。

案 例

有一件袖子上设计了隐形口袋的童装外套，话术原版为：

“这件衣服的袖子上有一个隐形的口袋，小朋友可以把自己坐摇摇车的硬币放在里边。”

通过讲故事的形式改进后，变成：

“前两天我给儿子洗外套，洗衣机里噼里啪啦响个不停，我才发现这件衣服的袖子上有一个小小的隐形口袋，原来我儿子把他的零花钱硬币都藏在这个口袋里了，差点把我的洗衣机弄坏了。”

宝妈通过自己的演绎形式，把这个小小的卖点阐述得可爱又风趣，一个调皮的小男孩形象生动起来，吸引看直播的宝妈们在评论区一起互动。

今天我们在各大内容平台上都能看到，短小精悍的内容越来越受到用户的喜欢，用 1 分钟讲一个故事，在故事的情节里带入产品，远比叙述一个产品本身更能圈粉。消费者需要不断被刺激，需要更有趣、更好玩的东西，一次次激活他们对内容本身的兴趣。

所以商家在做直播的过程中，**可以着重去训练主播讲故事的能力**。现在已经有很多商家不把直播间当成一个带货的直播间了，而是当成了跟用户互动的场合，看直播恍如在看综艺节目，对主播的要求也越来越高了。

（3）干净利落下指令

前几个步骤对产品的介绍可谓精彩纷呈，那么这时候就需要不拖泥带水给产品介绍一个精彩的收尾。

在产品介绍收尾的时候，我们往往会直接切入这个产品当下的销售价格，让消费者迅速购买，并且告诉他们几天之内就能发货，唤醒他们对收货的期待，同时再次强调优惠，催促下单。

最后，每一位主播对产品的价格体系都要非常了解，在阐述产品利益点和价格时，犹豫和不确定会影响主播在直播间的权威背书。主播可以干脆利落地给产品介绍收尾：“喜欢这款产品的大家可以去拍，上个礼拜这款还是 9 折，今天 8 折了，今天也是最后一天，错过的话近期就不会再有了。”

2. 场景描述与词汇

我们经常会对优秀的直播话术进行分析，之前讲过很多李佳琦的话术案例，虽然他以达人身份在直播，但是因为其话术逻辑清晰、语言表达能力极强，所以特别适合在直播间建立主播特色。

李佳琦的话术优秀，一方面在于他很善于使用个人标志性的话术，比如“买它买它买它”；另一方面在于他对每个产品的场景把握十分精准，他在卖口红时，针对口红颜色，能描述出一个具象的场景唤醒消费者的想象力。

案例

“当你涂抹上这种颜色的口红，走在办公室里，你就是最不好惹的女王。哪怕你穿着最普通的衣服，大家也会因为这款口红颜色而对你刮目相看。”

“这一款带闪片的橘色就很适合第一次去跟你的男神约会，你们在西餐厅的烛光里，抹上这样一款带有亮晶晶闪片的口红，你就是男神心里最迷人的小仙女。”

在话术的讲解中尽量规避陈旧、普通、没有想象力的表达，而是用更加高级的词语和场景描述，唤醒用户想得到这款产品的渴望。

我们先来看看产品的颜色描述，如表 3-3 所示。

表 3-3

颜色	优化前	优化后
红色	这是一款正红色的风衣，是非常好看的红色，不会显黑，特别适合过年时穿	这款红色既有气场，又很有女人味，它有点像迪奥最经典的口红 999 的颜色，适合在圣诞节或者和姐妹们聚会时穿，简直是 C 位大衣
卡其色	这款卡其色的风衣，颜色非常经典，像驼色但是又有一点粉色的感觉	这是最通勤的大衣颜色了，大牌最爱用的经典卡其色，它有一点像冰拿铁的颜色，但在室外阳光下又有一点偏水粉色
粉色	这款粉色我特别喜欢，是那种介于浅粉色和米色中间的颜色，淡淡的，很温柔	这款粉色有一点点像枯萎的粉色玫瑰花的颜色。有的粉色饱和度太高不好看，但是这款粉色像被开了柔焦一样雾蒙蒙

是不是觉得优化之后的颜色描述更加吸引人？将迪奥口红 999、冰拿铁、枯萎的玫瑰花引入话术中，建立消费者对产品颜色的直观想象力，而这些具象的描述，也更加符合女性用户的感性认知，激发其消费欲望。

我们再来看看产品的具象化描述，如表 3-4 所示。

表 3-4

产品	描述
毛衣	阳光下能看到的一朵朵毛茸茸的纤维，手感软糯，直接接触皮肤也不戳不痒，蓬松显温柔，有种想要拥抱的感觉
卫衣	宽宽松松的卫衣超显瘦，就像小小的纤细的你被包裹在男朋友的卫衣里，慵懒又性感，小野猫的既视感
巧克力	这款巧克力和其他品牌最大的差异在于它的细腻程度，吃起来在舌尖的感觉是完全没有颗粒感的细腻和爽滑，入口即溶，像冰激凌落在了舌尖
粉底液	这款粉底液是奶油质地，上脸之后非常舒服，它虽然遮瑕，但是你能感觉到它的透气性，完全不会堵住毛孔的细腻，阳光下能看得见皮肤纹理，完全不假白

对于产品的话术来说，有时候直观的传达也是有效果的，但是通过场景化和具象化的表达之后，仿佛对话术本身开了一层柔光的滤镜，让用户爱听、愿意听，哪怕不买东西，话术本身也有唤醒消费者购物欲的魅力。

目前的站内淘宝直播，犹如一个巨大的选秀平台、一个以带货力角逐的竞技场，每一位主播在这个平台上都可以做自己，我们鼓励所有的店铺和店铺主播找到自己的方向，共同助力店铺直播，使其变得更加生动、更加有趣。

为了与时俱进，跟上当下热点话题，以及让产品的介绍话术能不断给消费者带来新鲜感，我们建议商家至少一个月更新一次话术，并安排专业岗位的员工（如产品经理、研发专员、客服主管等）来协助提升产品话术的效果和进行培训工作。

3.3.4 卖点可视化

在直播间介绍产品时，什么样的卖点最能打动消费者？

答案是：所有能够被看见的卖点最能打动消费者。

当商家在陈述产品的卖点时，要考虑到消费者在镜头里是否可以直观感受到这一卖点；在消费者之后的使用过程中，是否能够感受到这一卖点的真实存在。

真实存在的卖点才是可信的卖点。如果主播描述的是一个“无法看到”的卖点，则无异于捕风捉影，没有可信度。

案 例

在主播强化培训线下课中，有一个环节是邀请各主播上台进行3分钟的产品讲解演练，其中有一家高端饰品店的店主上台，介绍一款3000元的孔雀石项链，在介绍产品时，她用了近一半的时间来陈述孔雀石如何“旺夫”，能够“带来好运”，为家庭带来和谐等内容。

在讲解结束后，我问她：你介绍的这些卖点，用户能验证吗？用户会相信吗？

她笃定地说：会啊，因为大家（别的商家）也都这么说。

如果一个卖点，所有的商家都能说，那它还能算是一个好卖点吗？孔雀石可以“旺夫”，猫眼石可以，翡翠也可以，只要是石饰品，它都能被冠以“旺夫石”的称号。其实还是因为无法验证，所以可以毫无顾忌地宣扬。

课后，我与店主深度沟通，才知道该条项链是法国一位很有名的设计师设计的，其本人资料和设计的作品在百度上皆可查询到。

我告诉店主，这才是真正的好卖点，你可以介绍这位设计师的履历，讲一讲设计师的故事，让用户看一看这位设计师的作品，建立用户的信任感。一个在百度中能查询到的设计师，无疑比所谓的“旺夫”卖点更值得信任。

这就是我们所说的“卖点可视化”，只有能够被看见的卖点，才值得一说。

这时有些商家要问：我的产品原产地很好，供应链和质检体系也都很好，它们怎样才能被用户看见呢？

其实在直播间，卖点可以以多种形式被用户看见。

1. 图片、视频展示

如果商家的产品在供应链端或者原产地端有优势，则可以通过在淘宝后台置入图片或者视频的方式进行展现。比如某生鲜店铺，通过直播展示果园的视频，让用户感知到原产地直供的优势，如图 3-9 所示。

如果商家无法完成视频的录制，或者直播间产品太多，无法及时更换图片和视频，则可以提前将所需要展示的图片和文字整理出来，制作成一张张可以展示给观众看的“小展板”，配合主播的话术讲解，将产品的一系列卖点展现给消费者，如图 3-10 所示。

图 3-9

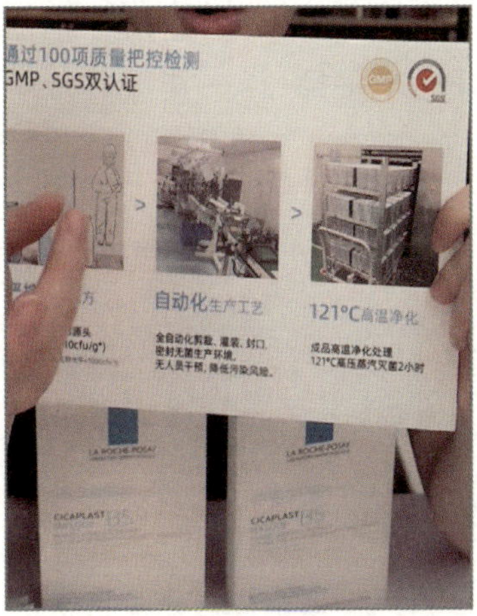

图 3-10

2. 实验验证

在商家直播的过程中，如果一些产品的卖点可以用实验来验证，那么实验的过程就是展示卖点的最好方法，通过实验来证明产品的卖点更加可信，用户的感受更加直观。

比如展示不粘锅，可以通过煎鸡蛋来进行实验；展示扫地机器人的清洁功能，可以演示清扫木屑、瓜子壳等进行实验。如图 3-11 所示，某主播在讲解一款散粉具有只吸油、不吸水的功能时，通过散粉过水实验来证明该卖点的真实可信。

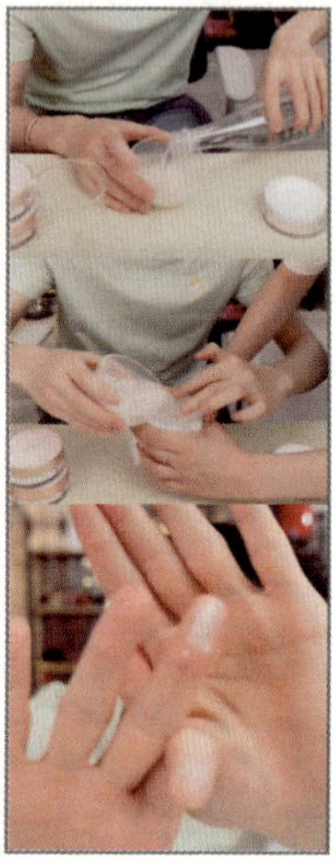

图 3-11

3.4 幕后人员——直播间的大管家

一旦店铺直播步入正轨，幕后工作就变得非常重要了。一个好的幕后人员就像直播间里的大管家，不仅要负责琐碎的产品整理和建立链接等工作，还要负责数据的汇报和复盘工作，内容细致且关键。幕后工作主要分成以下几类。

1. 开播与关播

幕后人员需要在直播前 5~10 分钟到达直播间，检查并整理直播间产品，开摄影灯、建立直播链接并上传链接、清理直播间的桌面卫生。

在关播之后整理产品、清点产品数量、检查产品在直播中是否有损耗、关电脑、清理直播间遗留垃圾、关灯、关门。

2. 与主播的配合工作

幕后人员提前整理好产品卖点名单，配合主播盘点货品，整理货品。在直播期间，用户通过评论产品的编号来选择想看的单品，幕后人员要第一时间找到产品，不能让主播自己去拿，造成空镜头的情况。

3. 空档时间替补

主播因吃饭、去洗手间等情况，需要短暂离开镜头，在此期间，幕后人员要顶替主播直播，直到主播返回直播间。

4. 直播后台操控

协助录制宝贝讲解：幕后人员对每一个产品的讲解进行看点标记。

抽奖记录：如果遇到主播抽奖的情况，幕后人员要记录中奖人员名单，及时将中奖表格反馈给客服人员。

后台评论监督：幕后人员在直播后台回复粉丝的消息，耐心进行解释，尽职尽责。

如果遇到恶意回复或回复内容不符合淘宝直播间管理规范的情况，则应及时对违规用户进行禁言。

建立第二天的直播链接：幕后人员每天都要把第二天的直播链接提前建立好，如果遇到需要临时建立链接的情况，则要积极配合建立好。

其他操作：设置关注卡片、公告、粉丝推送、其他临时任务等。

总的来说，直播间运营并不难，很多商家刚开始做直播时觉得难，也只是因为对直播入门工作不了解，觉得繁枝末节太多，但是一旦前期筹备工作完成，人员招聘到位，后续的一系列工作推动就会顺利得多。

在这一章中介绍的直播间运营只是一个开端，实现直播间精细化运营是一项极其专业的内容，有部分商家在运营过程中发现直播业务的占比越来越大，也可考虑将店铺转型为专业的直播型店铺。

4

第 4 章

直播间高效能货品管理

4.1 直播间货品运营误区与解决方案

对比店铺直播和达人直播，二者最大的差异来自货品，达人直播可以轻松拥有海量产品，而店铺直播则时常会面临产品过多或者过少、上新速度慢、新品引爆难度大等问题，这是一部分商家存在的共性问题。问题的存在并不一定代表绝对劣势，结合产品本身的特性和销售表现，只要找对了方法，就会让产品的“表现力”更好。所以在直播间实现精细化运营，为产品赋能就显得格外重要。

我曾形容直播间的货品管理犹如棋手下一盘棋，一个产品就是一枚棋子，每一枚棋子放置的位置和出现的时间点都很重要，不论是爆款单品还是普通单品，在直播中只要放对了位置，并给予一定的活动支持、话术引流，或者通过价格锚定的方式，为有潜力成为爆品的产品做价格锚定，以低性价比产品承托高性价比产品，就更能够烘托出产品价值，实现转化。

围绕着“人”“货”“场”三个核心关键，着重解决货品精细化管理的问题，是每一个商家在直播运营中的重难点。

所谓货品的精细化管理，指的是：**通过对直播间产品定位和销售能力的分析，找到合适的位置与“担当”，通过对不同货品的灵活组合、拆解，将货品管理融入不同的玩法中，配合不同阶段的营销策略，最终实现 1+1 > *N* 的直播效果**。

在对商家货品管理能力的调研中我们发现，货品管理极容易被商家忽略，其中不乏不少大品牌的直播间也存在着货品运营的小失误。所以在直播的过程中，如果货品管理不到位，则在一定程度上会影响直播转化效果。

大部分商家的运营误区集中体现在以下几个方面。

4.1.1 排品过多

排品过多，是拥有较多单品的店铺经常出现的问题之一，即把店铺里的所有产品都陈列在直播间。而每天直播的时间并不长（通常低于 8 小时），在直播间的产品列表里有一百多个产品，屏幕向下滑动十几次都看不完，如果该店铺的产品本身再有一定的相似性（比如床品店铺，基本是风格类似的四件套床品），那么更让消费者失去耐心持续观看。

在讨论用户消费心理时，我们提出，相较于产品比价的困难，用户更担心产品选择的困难。

案例

一家实体服装店铺，店主将所有同类产品都放在同一个货架上，如短袖 T 恤陈列货架、连衣裙陈列货架等，用户在挑选产品时，如果没有明确的喜好和目标，则会带来一定的选择困难。

如果换一种思路，选择用色系或者搭配相关性来分类摆放，在同一个货架上摆放同一色系的不同款产品，则可提升视觉的美观性；如果产品之间可搭配成套，则更加有利于用户选择一起试穿和购买，如图 4-1 所示。这样的排列方式可规避雷同产品带来的选择障碍，全套搭配可提升用户的客单价。

在直播间也可使用同样的排品逻辑。琳琅满目的相似产品让消费者选择困难，尽管商家心存侥幸，认为产品越多命中率越高，产品千千万，总有一个入消费者的法眼，但我们的调研结果显示，大部分用户在挑选过程中，当无法通过购买多件产品来满足消费欲时，其极有可能因为无法择优购买而放弃下单，这是每一个商家都不愿意面对的。

图 4-1

那么如何分析一家店铺直播产品是否过多呢？我们来看以下案例。

案例

一个直播间，每天直播时间为 4 小时，直播间有 80 个产品，即使为每个产品仅分配 5 分钟时间，也无法从头到尾将产品讲解完，录制宝贝讲解就无法做到“雨露均沾”，且在直播时间里，并未算入用户在评论区反复询问直播间爆款单品，主播反复回答的时间，这在一定程度上也会影响顺序播款的效率。

一场直播结束后，有一部分产品犹如身在“冷宫”，从未被问询过。

商家运营直播间，必须坚定一点：对转化没有帮助的单品，不如舍弃，集中精力卖爆款产品。

排品过多，解决方法有两个。

1. 控制雷同产品的数量，降低用户选择的难度，加快决策

在控制产品数量之前，商家要调整好心态。如果认可直播间是孵化爆品的优

质渠道，那么就不能心存侥幸，让某些产品存在于直播间。所谓有舍才有得，将产品数量控制在合理的范围之内，会给消费者带来耳目一新的感觉。

产品过多，会给用户带来选择困难；产品太少，又会失去一部分用户的转化，所以需要将产品数量维持在相对稳定的范围之内，做到恰到好处。

产品数量如何计算？依然采用直播时间倒逼产品数量的算法。商家可以先测算每一款产品的话术时间长度，然后使用如下公式：

直播间产品数量 = 直播总时长（分钟）÷ 单款产品话术时间（分钟）－爆款产品数量

此公式的原理是：录制宝贝讲解这一操作是商家在直播过程中必须执行的运营动作。录制宝贝讲解是获得公域流量的来源之一，每一款产品都必须录制完成，这也是主播和幕后人员的日常重要工作之一。直播总时长要能够满足主播讲解完每一个单品的时间。

单品讲解时间根据产品的不同，有长有短，基本 5~10 分钟能够完成讲解和答复用户询问，也可以根据商家对主播的要求来指定时间。

最后把店铺中会被反复询问的爆款产品数量减去。因为在直播中，店铺爆款产品会被多次询问，主播需要反复讲解回答。

根据这一公式，商家就可以计算出大致的产品数量，以该产品数量为中间数，可进行小幅度的增量和减量。

上面介绍的公式可以满足大部分商家的需求。对于直播时间大于 12 小时的商家，时间长并不代表可以增加产品的数量，依然需要通过公式计算出产品数量之后进行减量，以保证店铺的爆款产品被更多的用户关注，而不会被冷门产品吸引太多的注意力，或者通过分场次直播来调整产品数量（如早场产品数量较少，晚场产品数量较多），优化产品讲解时间的分配问题。

注意：这条原则适用于产品过多的情况，如果产品数量较少，直播的时间能够保证每个产品都被介绍到，那么就可以通过不同时段专享款秒杀或者产品排位调整来进行区别，以满足用户的新鲜感。

2. 高相似度产品错开直播专享价，击中不同消费力的用户

商家在选品和定价产品时，会考虑到同质化产品的价格区间差异。比如两款相似的白T恤，根据成本的不同，定位为低单价款和高单价款，用户在选择产品时，因为个体消费力不同，反而更容易找到心仪的单品。所以，以价格为标尺，也能够规避“撞款”带来的选择障碍，用价格主动驱动消费者做出选择，提升转化率。

案例

一家主营麦饭石锅具的厨具类店铺，主推的爆款产品一共有3款，产品类型较为相似。为了满足直播间用户的需求，使用户不产生选择障碍，店家在不调整店铺售价的情况下，在直播间通过不同力度的商品券，完成了产品价位的层级设置。

A产品：成本较低，店铺定价239元，直播专享价169元，低价引流，满足对性价比有要求的消费者。

B产品：成本略高，店铺定价239元，直播专享价199元，外观好看，满足对产品“颜值”有要求的消费者。

C产品：成本较高，店铺定价279元，直播专享价259元，高客单价单品，满足高端消费者的需求，同时给予优惠价促进转化。

通过价格区分和产品人群定位，便能够在直播间做好价格错层，满足不同层级的消费者需求，以此来规避“意外状况”，通过主播的话术表达，让每一个产品的定位更加深入人心，赋能爆款单品，降低“人找货”的难度，让货找到适合自己的主人。

4.1.2 排品混乱

在一本讲述线下门店货品陈列的书中，作者这样写：“没有经过深度思考的货品排列，注定会被消费者的视觉忽略。陈列员应该顺着消费者的眼光思考，而不是只靠自己的大脑思考。”

线下门店产品陈列的顺序、逻辑影响着产品的销售，所以用户日常闲逛的商超货架陈列，没有一个单品是随心所欲摆放的，每一个产品都被放在了应该属于它的位置，用一个匹配得上的价格或者营销利益点助推，让产品在货架上恰如其分地吸引用户转化。

曾有一个商家说自己店铺上货的逻辑是：想到哪个产品就上哪个产品，或者是有人问到了就上货，没人问就不上。

这样的一种排品方式会直接导致直播间货品排列混乱，就像在超市中酱油和膨化食品被放在了同一层货架上一样草率，这违背了消费者的购物需求，也不符合视觉效果。

当用户点开左下角的购物袋上下扫视产品时，实则体现的就是“用户的眼光”。商家的货品排列不是随心所欲的、草率的，而是需要随着用户的眼光逆向思考产品的排列顺序。

在一些超市货架上，为了能够给爆款产品提供更好的引导，商家会通过小纸牌上的文案触达用户，做好品牌宣传或者利益点推广，如“销量领先”“买一送一”等。

产品不会说话，借助小纸牌上的信息帮助产品说话，会让用户的感知更好、选择更快。

在直播间，也存在这样一个“小纸牌”，那就是利益点文案，即产品标题下的红色小字。商家在淘宝直播后台，通过利益点文案的置入，让用户看到在产品标题下方红字处专属这款产品的信息文案，如图 4-2 所示。

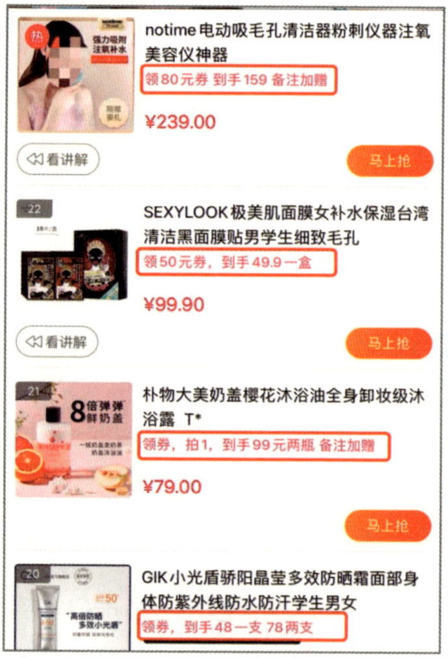

图 4-2

综上所述，商家排品混乱主要表现为：

- 不符合用户观看习惯，爆款产品被放置于冷门位置。
- 上下位产品没有关联消费关系，或者同质化严重。
- 除产品标题外，没有信息触达用户，如图 4-3 所示。

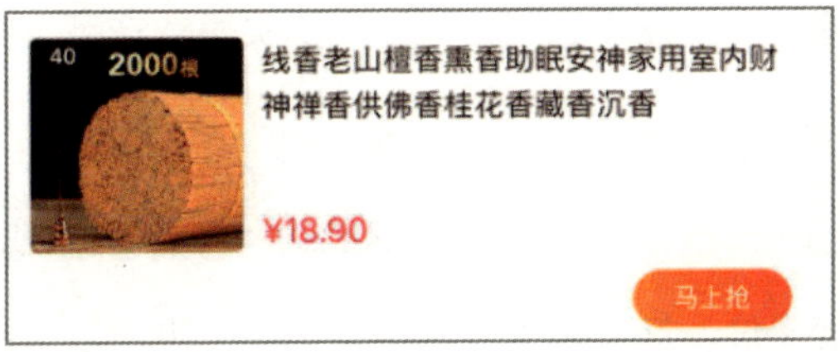

图 4-3

通过调研我们发现，82% 以上的商家存在排品混乱的情况。商家可以对照着上面几种表现，排查自己直播间排品是否有“踩雷”的情况。

4.1.3 产品无迭代

一家店铺什么产品最吸引消费者？毫无疑问，是新品。

比如用户进入一家店铺的直播间，对其中的产品很有兴趣，那么他便会停下来看一看、点一点；如果几天后再进入该直播间，发现还是那些货品，他的好奇心就会减半；第三次进入该直播间，发现产品依旧不更新，他就会失去好奇心，退出该直播间，从此成为其“天涯陌路人”，心想：反正无论何时进入该直播间，总是那些产品，不看也罢。

产品不迭代，成为“好奇心”的杀手，也成为“复购率”的杀手。

直播间产品迭代是建立在如下三个原则之下的。

1. 随着营销阶段迭代

店铺直播基本只有两种直播状态：日销（日常销售）状态和促销活动状态。

从日常销售的四平八稳，到促销期间流量的逐渐积累，每一个产品都能够激活销售赋能，产品需要跟随营销阶段进行迭代。日销状态下的产品和促销活动状态下的产品要有所差异，这样才能触发新用户购买爆款产品，老用户选购新品。

在日常销售状态下，用户有更多的时间静下心来慢慢逛、慢慢选，通过主播的讲解带来购买的欲望。所以，**日销阶段更适合“有故事”“多卖点”的高毛利单品，对其进行小幅度降价，打造直播专享价，**用户会更加敏感，转化率也会更高。

随着“6·18”“双11”等大型促销活动的到来，为平台上的每一个产品都带来了销售的机会。用户等候着零点将至，大量用户在购物车中抢拍，反而没有过多的时间去看直播，所以在**大促阶段应多推广优惠力度大的单品，催付比讲解更重要**。

2．随着产品定位迭代

直播间的产品定位不是绝对的，爆款可能会成为冷门款，普通款也有可能会成为爆款，这是由时间的更迭或者一些意想不到的趋势带来的转变，存在着随机性，所以更考验直播运营人员敏锐的洞察力。

案例

在一家童装店铺中，有一些更具中国风特色的汉服外套，这些外套因为不适合日常穿且客单价较高，在店铺正常销售的情况下不被消费者关注，是店铺转化率较低的款式。

但是随着“国潮”的流行，越来越多的短视频内容创作者给自己的孩子穿上汉服，录制短视频。汉服单品的搜索量突然增加，汉服成为很多宝妈的“晒娃利器”。商家感受到了“一夜成名”的流量风向，便在直播间提高了童装汉服的位置，让主播给予其更多的曝光，同时为消费者提供了更多的利益点，成功让汉服在直播间成为爆款产品。

这一案例告诉我们，在文化趋势的影响下，曾经的冷门单品变成了极具人气的爆款单品，在直播间给予扶持有显著成效。

此外，应季趋势、节日趋势、IP 款或明星同款趋势都能够为产品的迭代推波助澜，直播运营人员要多看新闻、多捕捉新信息，也许下一个直播间爆款就藏在冷门单品里。

3. 随着销售表现迭代

在直播间的产品迭代中，销售表现是终极“风向标”，通过对产品销售数据的复盘，找线索进行产品迭代，也是直播运营人员的必备技能之一。

通过使用一些数据软件，商家可以抓取到每天直播间产品的点击量和转化率数据，在选品和排品后，**产品转化率才是衡量选品、排品是否正确的唯一准绳**。有些产品虽然处于热门位置，但却没有很好的转化，这被商家俗称为“流量来了接不住”；而有些产品虽然位置不佳，但是销售转化却很喜人，面对这样的情况，商家需要灵活地做出调整，把好位置空出来，让“接得住”的产品“上位”。

产品迭代是直播间运营的常态化操作，不论产品数量是多还是少，都可以通过迭代增加用户的新鲜感。如果店铺产品数量太少，应该如何迭代呢?

（1）拉长迭代周期，但要有明显迭代变化

产品多的商家，建议 2~3 天进行一次迭代，调整产品的位置，规划不一样的营销活动；产品较少的商家，至少要一周迭代一次，尽量在用户复购周期内提供新品，给用户带来耳目一新的感觉。

（2）以直播间专享价带动产品迭代

在固定销售的产品不迭代的情况下，对产品的排位以及针对不同产品的直播间专享价也可以有所调整。比如，第一周 A 产品专享价，第二周 B 产品专享价，

或者分时段秒杀等，即使直播间只有 10 个产品，也能够实现一天 10 小时直播每小时都上线不同的专享价产品，用户可以选择自己心仪产品的秒杀时间段来购买，提高了用户的返场率。

（3）通过连麦带动产品新鲜感需求

在连麦玩法中，商家可以通过连麦，让两个直播间同时出现在屏幕上，即使直播间产品少，在本场直播中也可以完成两个店铺双倍的产品展现。

> 连麦玩法适合用户画像较类似的商家，相互导流，互相带动产品转化率，让用户在一场直播中看到更多的新产品。

4.2　排品——在直播间操控一盘“好棋”

4.2.1　直播间排品原则

我们常和商家直播运营人员说，直播间的排品不是想出来的，而是算出来的。它需要遵循用户思维的产品排列原则，再通过不同的公式进行计算。不同的营销节点有不同的排品公式，但是万变不离其宗，排品要遵循三条原则，如图 4-4 所示。

好货放在好位置
有层级的梯度化管理
利益点信息完善触达

图 4-4

1．好货放在好位置，让更有销售潜力的单品迅速获取用户的关注。

2．有层级的梯度化管理，通过对产品的定位、不同阶段的销售目标的调整，进行有成效的货品管理。

3．利益点信息完善触达，通过利益点文案，使用户对产品和优惠信息更加了解，提高转化率。

以上三条原则也是排品的基本逻辑，不论在什么销售阶段，排品时都需要考虑周全。

4.2.2 直播产品的定位与担当

前面提到，在直播间出现的每一个产品都需要经过产品定位和销售能力分析，找到合适的定位与担当，就如同我们在节目中看到的女团演出一样，有主唱担当、有舞蹈担当等，这些担当就是基于每一个演出人员的特长进行定位的，让她们在团队中找到合适的位置，在演出中绽放光彩，不被观众忽略。

根据销售潜力、作用功能、库存状况、品类定位等产品分类，可以了解产品的定位与担当，如表 4-1 所示。

根据定位，商家可以对店铺中的大部分产品进行定位与担当梳理。不过，产品的定位并不是唯一的，比如某个产品，既可以是店铺的热销款，也可以是秒杀款；店铺的滞销款，也可能是利润款。在不同的营销阶段，根据营销目标进行定位与担当的不断转换。在直播过程中，产品会存在具有多重担当和销售目的的可能，商家需要对产品进行深度了解，灵活判断其在不同阶段的定位与担当。

表 4-1

产品分类	产品名称	产品定义
销售潜力	热销款	店铺主力销售单品，通常是店铺销售前列的热门爆款
	平销款	销售能力尚可，是可以提高转化率的潜力单品，可做热销款的平替
	滞销款	销售能力不足，转化效果一般，是比较"鸡肋"的冷门款
作用功能	引流款	性价比高，能够为店铺引流，是用户点击率高的产品
	秒杀款	在直播日销阶段提高转化率的单品，以秒杀降价的利益点带动销售额
	利润款	能够做高店铺利润的款，虽然转化率一般，但是毛利较高
库存状况	深库存款	库存较多的款，如果销售受到影响，则会带来库存风险
	清仓款	库存较少的款，通常存在断货风险，可用来成为清仓产品
品类定位	主营类目款	店铺重点主营类目的产品
	次要类目款	用来提高主营类目款的连带销售，非店铺主营类目产品，但是与主营类目产品关联性强。如：保暖内衣店铺销售的加厚棉袜

4.2.3 排品基本逻辑——"三七法则"

在梳理直播间排品逻辑之前，先介绍一下直播间产品曝光量的梯度分级。大家点开直播间的红色购物袋，可以看到从上往下整齐的产品排列，如图 4-5 所示。最高处是店铺直播间的热门位置（热门位置有且只有一个），序号是店铺的 1 号产品，之后的数字从大到小降序排列。商家在后台上传产品时需要注意，**热门位置是 1 号而非最大序号，需要最先上传链接**。

按照这样的顺序，可以整理出店铺直播间产品排列的基本逻辑、梯度、曝光量层级，如图 4-6 所示。最高处的热门位置曝光量最好，且只能有一个单品。

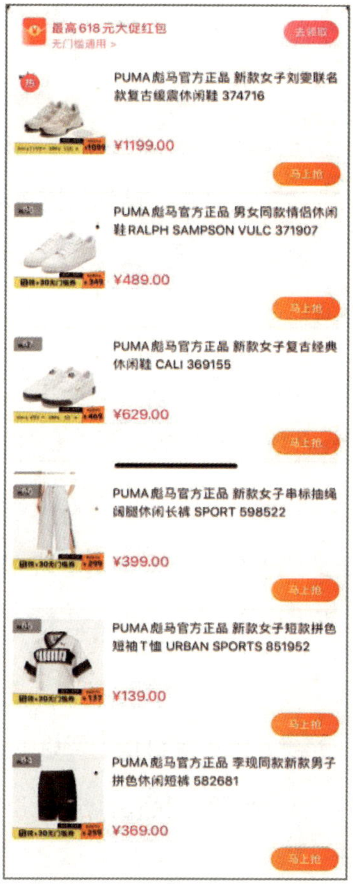

图 4-5

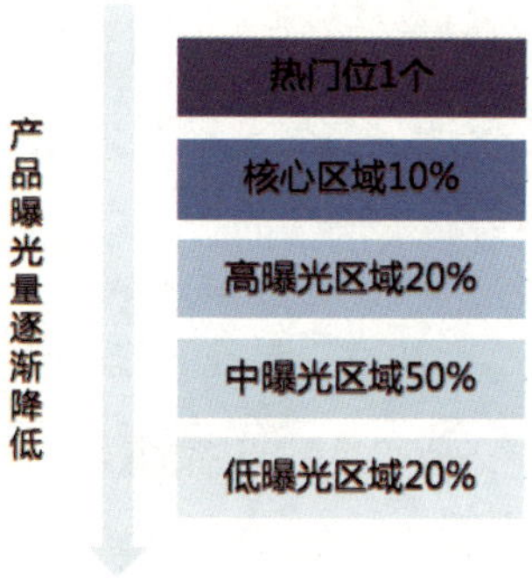

图 4-6

第二层级是 10% 的核心区域，用户浏览产品时在前几屏中就可以看到，是仅次于热门爆款的好位置。注：第二层级到第五层级总和为 100%。

第三层级是 20% 的高曝光区域，这一层级的产品曝光量不及核心区域，但是用户的触达率依然较高。

第四层级是 50% 的中曝光区域，这一位置的产品最多，其曝光量与前列相差较大，如果产品本身的吸引力不够，或者消费者观看耐心不足，就容易忽略这一部分。

最后是 20% 的低曝光区域，在产品排列较多的情况下，用户触达率最低，潜在的转化也最弱。

用户触达越快，曝光量越高，潜在转化的可能性就越大，最好的曝光往往只集中于前列 30% 左右的产品，后列的 70% 左右皆属于曝光量的尾部，销售潜力与前列差异较大，商家在排品过程中，需要一点“偏心”，对前列 30% 左右的产品有一些“特殊关照”，才能带来转化率和销售额的提升。

商家对这样的层级管理也许并不陌生，一些爆款店铺提出，店铺销售的产品分层应该遵循“二八法则”，即 20% 的产品带来 80% 的销售额，其实在直播间则不尽然。

在店铺直播中，一些店铺冷门产品在主播话术引导下会变得更加吸引用户，如果这类产品与爆款产品之间存在销售关联，或者搭配成套销售，那么对提高转化率会有较大的帮助。

“三七法则”是在日销阶段比较实用的排品方式，这一法则几乎适用于大部分拥有较充足产品的直播间，适合运营人员在初步优化精细化货品运营时使用。

4.2.4　三个重点阶段的精细化排品方法

为了提高不同营销阶段的转化率和销售额，在精细化运营过程中还需要让排品更能满足平台营销玩法的需求，通过对不同营销阶段的不同目的的了解，重新定位产品，在直播间调整产品的位置，以使其面对自己的“新担当”。

1. 日销小促阶段

为了让更多的用户愿意来直播间完成购买，商家可以通过在直播间自建营销活动，来实现日销状态下的小高峰，将直播间看成店铺中的促销专区。

案例

某饰品店铺，每周三晚上 7:00—10:00，全场饰品 8 折优惠，满足了大部分用户周三下单、周五到货、周末外出即可使用的需求。通过对老用户的短信触达和对新用户的店铺主页信息触达，给用户留下了深刻的印象，每周三晚上形成了店铺销售额的小高峰（这种情况，我们称为“日销小促”）。

日销小促期间的销售目标，能够服务于日常流量的累积，促进该时段的新客户引流、提高老客户复购率，用日销爆款和利益点推动销售额的增加。

日销小促阶段的排品方法如图 4-7 所示。

活动节奏	货品排序	数量占比	搭配玩法
日销小促	热销款	50%	引流和保基础销量的产品，可做详细讲解，主要用于留存直播间的新客户
	秒杀款	30%	模仿达人直播高效快频的销售模式，用来培养客户观看习惯，刺激直播冲销量
	平销款	20%	直播间每天都有“新款”，老客户有新鲜感，同时也间接拉动店铺平销款的销售

图 4-7

2. 上新阶段

基于带货力和产品展现，直播间是适合做新品孵化启动的重要渠道。如果店铺已经有一定的粉丝积累，那么它在直播间打爆新品、沉淀买家秀和评价中就具有天然的优势。

上新阶段最重要的就是提升新品的曝光量。在这一阶段中，可以将第一梯队给新品，第二梯队则通过新品对消费者的吸引力，推动一波引流款或者利润款的连带销售，提升直播间的销量和利润。新品上架也会带动有黏性的老用户的光顾，秒杀款是为了给老用户提供福利，并提高本场销售的复购率。这一排品方式更适合一些店铺在大促的节奏里上新，这将会获得事半功倍的效果。

上新阶段的排品方法如图 4-8 所示。

活动节奏	货品排序	数量占比	搭配玩法
上新阶段	店铺新款	60%	当场主推的新品，需要详细介绍，高频露出，讲解搭配
	引流款/利润款	30%	具有引流和保销作用，话术中与新品或主推产品相结合，配合新品带动销售
	秒杀款	10%	用于上新前 1 小时预热动作，拉回有意向购买的粉丝来直播间购买新品

图 4-8

3. 排位赛活动阶段

排位赛是 2020 年淘宝直播最热门的玩法之一，商家可以通过参与不同类目、不同项目的排位赛，来实现大促预热和促销转化的目的。在排位赛期间，可以在直播间点击进入榜单，如图 4-9 所示，榜单会实时显示冲榜前列的商家，一键即可跳转到该商家的直播间。所以，如果能进入榜单前列，就可以获得一定的公域流量，对拉新有帮助。

过去在淘宝直播中只能看到总榜单，即全天冲榜的榜单，该榜单比较稳定，于是流量会迅速往榜单头部商家累积，腰部商家将会面临用户流失。但是自 2020 年“6 · 18”开始，新推出的“小时榜单”让更多的中腰部商家获得在公域露出的机会，只要在该时段冲进榜单前列，就可以获得公域流量，如图 4-10 所示。

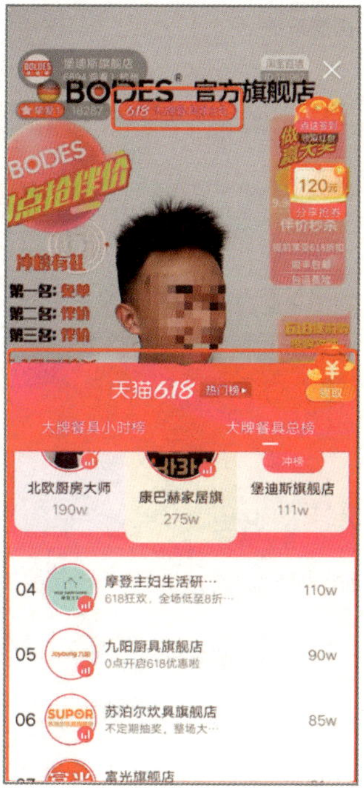

图 4-9

图 4-10

商家排位赛主要分两种：一种以加购为目的；另一种以成交转化为目的。参加以加购为目的的排位赛，商家可以通过发放大额优惠券等形式完成冲榜，如加购 10 件获得 500 减 100 的优惠券；而以成交转化为目的排位赛，可以促进消费者下单，所以需要给予直播间更多的专享福利，并引导用户在直播间成单。

排位赛活动阶段的排品方法如图 4-11 所示。

活动节奏	货品排序	数量占比	搭配玩法
排位赛活动阶段	直播专享价款	50%	以直播专享价来打动消费者，带来高效转化，营造冲榜氛围
	热销流量款	40%	具有引流和保销作用，重点讲解，为拉新带来更好的成效
	秒杀款	10%	吸引直播间用户回流，设置几个流量的高峰点，刺激阶段性销售和截留新粉

图 4-11

排位赛是商家比拼的擂台，它的玩法更灵活，也更复杂。商家需要在参加排位赛的过程中实时监测数据，不断学习榜单前列商家的玩法，从而提升直播间的直播成效。排位赛对运营要求更高，对实践落地的效率要求更高，排位赛运营是较有难度的，还需要商家不断摸索，沉淀出适合自己类目的冲榜办法。

4.3 播品——联动营销，引爆高效转化

4.3.1 连麦新玩法激发新活力

连麦玩法过去多应用于秀场直播中，两位主播通过同场的对话带来双方粉丝的置换。

2020 年淘宝直播推出了连麦玩法，该玩法更能获得 1+1>2 的好成效。如果商家抱怨自己店铺的粉丝量太少，无法获得满意的观看人数，那么他就可以通过与具有相似用户画像的非竞品商家进行连麦，提高转粉率和观看量，也可以与达人连麦，吸收达人的粉丝沉淀。

在连麦的过程中，如何联动货品玩法呢？

商家可以通过本场直播中的部分单品给予对方店铺粉丝更大的优惠，比如“一元秒”和“抽免单”的形式，玩转直播间氛围，通过秒杀福利，为新用户的首次下单提供契机，在两个店铺之间架起“相互带货的桥梁”。相似的用户画像会带来两个店铺的粉丝沉淀提升，相互置换的模式也更加公平，不论是大商家还是小商家都可以尝试，连麦玩法能够为拉新和转化带来帮助。

在淘宝直播推流软件的操作后台，商家可以轻松地找到连麦的渠道入口，通过输入达人或者店铺的名称，就可以轻松连麦。连麦形式分两种：一种是聊天形式；另一种是 PK 形式。不论哪一种形式，对于双方直播的成效都有较大的帮助。在连麦期间观看人数会迅速增加，如果配合好利益点，转化率也会有所提高，而连麦 PK 形式带动消费者点赞的行为，也让直播间增添了几分互动的乐趣。

4.3.2 直播间爆款联动短视频玩法

在直播间运营过程中，对于每一个产品都必须完成宝贝讲解的录制，商家俗称“打标”。只有产品打标，用户才可以在宝贝详情页的右上方看到直播讲解的入口，如图 4-12 所示，点击进去即可看到上一场直播的产品展示。

过去，如果用户想看“动起来”的产品，只能依赖主图视频，而现在有了宝贝讲解的录制并在详情页露出的功能，替代了用户对主图视频的需求，也减少了商家制作主图视频的成本。此外，想要完成直播的公域推广，在直播间录制宝贝讲解是必需的流程，所以每一场直播，商家都务必完成全场宝贝讲解的录制。

图 4-12

有不少聪明的商家学会了在直播期间同时录制短视频的方法：**使用一个摄像头进行直播，同时架起手机录制短视频，完成后使用软件进行剪辑就可完成短视频的制作**。据了解，目前短视频内容占手淘首页“猜你喜欢”13%左右的流量，商家通过淘宝后台短视频的投放渠道，省时、省力地完成了短视频内容的创作，并且效率高，简单快捷，投放后还有机会获取更多公域的流量。

如果短视频制作精良，将其投放至站外引流渠道也有机会获得不错的拉新成效。

4.3.3 爆款联动达人直播玩法

2020年，商家与达人主播的合作依旧是热门。不同于以前直接将爆款产品给达人带货的形式，2020年商家对达人主播提出了更高的要求：希望达人主播在直播时能够为店铺粉丝导流，将有购买意向或者与店铺用户画像相匹配的达人粉丝转化为店铺粉丝。

针对这样的玩法，我们整理出三个步骤，供商家学习。

步骤一：寻找对标的达人主播

用户画像的匹配将会带来更好的粉丝沉淀效果，商家要选择与店铺用户画像匹配度更高的达人主播。关于主播的各项数据及主播粉丝的画像数据，可以在“阿里 V 任务”网站中查询。“阿里 V 任务”是淘宝官方的达人平台，在这个平台上，商家可以搜索到淘宝站内所有达人的名单并查看报价。

针对达人主播数据，需要特别关注以下三项。

1. 品牌消费者浓度大于 15% 以上较好。（品牌消费者浓度指的是该达人的粉丝和该品牌的粉丝的交集用户的百分比。比如品牌消费者浓度为 10%，说明达人的粉丝中有 10% 与该品牌产生过交互行为。）

2. 品牌消费者资产排名越靠前越好。

3. 参考基础特征：性别占比、年龄分布、粉丝城市分布、类目偏好、生活偏好，越符合直播粉丝人群画像越好。

步骤二：沟通合作，制定营销策略

在对接达人后，商家提供产品样品，进入达人主播的选品阶段。达人主播一般会对商家的营销利益点有所要求，商家可以与达人相互协商确定直播的利益点，从而实现更好的带货量。

这里需要提醒商家，给到达人的利益点需大于店铺的利益点，不论是通过直接降价的形式还是赠品的形式，都必须与店铺做出区分，让达人主播直播间的产品更有诱惑力，通过优惠利益点，吸引达人粉丝关注产品及店铺。

步骤三：直播期间达人口播引导关注，店铺用直播承接新关注粉丝

在达人直播的过程中，商家可以让达人通过话术为自己的店铺引流。比如“宝宝们喜欢可以关注一下这个店铺，他们家的产品还是不错的。”

在达人直播的过程中，商家也必须同时直播，且商家直播的标题需对达人粉丝有一定的引流作用，比如“新粉丝必看的店铺十大好物”等。吸引新粉丝进入商家直播间，带来二次“种草”，提升粉丝黏性。

商家可以给在达人直播间购买了产品的粉丝发一条短信，以引流为目的，邀请粉丝关注店铺，或者通过利益点形式，提供一些优惠券，来拉动粉丝的回流。

通过以上步骤，商家就完成了一轮精准的吸粉。如果与多位达人进行合作，就相当于在达人的粉丝中经历了一轮“过滤洗粉”，将用户画像匹配的达人粉丝变成自己的粉丝，既对销售目标有所帮助，也完成了粉丝沉淀，两全其美。这一玩法无门槛，中小商家也可尝试。

对于商家而言，掌控货品的各种玩法在运营初期是有难度的，难度来自要深入了解产品、平台营销玩法和用户。只有深入了解以上内容后，才可结合货品本身的消费潜力在直播间完成精细化的货品运营。

这是一个长期积累、融会贯通的过程，正所谓“滴水穿石，非一日之功”，只有通过日复一日的研习实操，才能不断提升店铺货品运营能力。

5

第5章

店铺直播运营的阶段性目标全览

5.1 以五大数据为核心的运营拔节计划

当商家已经具备基础的直播运营能力，并成功渡过了直播间的冷启动阶段后，下一阶段的重要任务就是以数据为目标不断优化自己的运营能力，提升店铺直播的成效。

这一阶段被称为重要的“运营拔节”，通过提升核心数据，优化直播内容，让商家的店铺运营能力逐渐成熟。

我们将店铺直播运营能力的提升分成五步，分别是：封面图 / 标题点击率、停留时长、转粉率、成交转化率、分享率的提升，如图 5-1 所示。

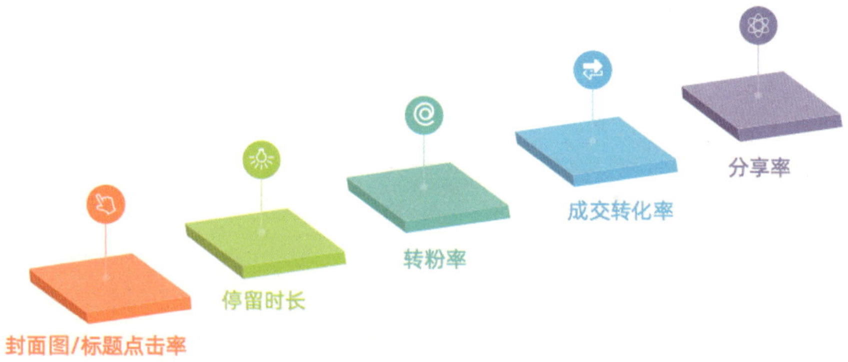

图 5-1

纵观店铺运营能力提升的五步，每一步都以数据提升为核心目标，因为数据是最直观、最有说服力的“成长证据”之一。

通过本章讲解的优化“运营拔节”内容，大部分商家都可以 2~3 个月实现较成熟的直播间运营。现在就让我们一起跟随着数据的脚步，找到直播效果提升的核心，为店铺运营制定相应的目标，孵化这棵“小树”成为店铺的核心支柱吧。

5.2 从点击率做起——封面图 / 标题点击率的优化

5.2.1 封面图点击率的优化

直播间封面图的重要性不亚于产品封面图，因为直播间封面图依旧是考验点击率的核心要素。有了好标题的支撑，直播间封面图不再是难点，好图加好文案，方能在获得用户点击率的目标下卓有成效。

目前适合大部分商家使用的封面图分为以下两类。

1. 产品封面图

使用产品封面图，能让店铺中销售的主要产品最直观地触达用户。产品封面图适合所有的商家使用。

产品封面图可以选择使用直播间产品中爆款单品的最好点击率主图（前提是要先完成产品主图的测图，找到点击率高的那一张图片），再适配选为直播间封面图。

一张点击率高的主图是经过市场验证的，在受众不变的情况下，在直播间可以实现类似的点击效果。

产品主图的选择比较简单，只需要从现有的图片库中寻找即可。

2. 主播头像封面图

商家在沉淀直播间内容时，需要从运营之初就开始规划主播的人设定位和主播 IP 孵化，让店铺红人成为常态化，具有个人价值观导向和特定的直播风格会更容易吸粉，强化主播的带货能力。

当主播有一定的粉丝基础后，就可以使用主播头像作为直播间封面图，如图 5-2 所示。用户记住了主播，也就等于记住了直播间，常来看看主播、问候主播，也是忠实粉丝的行为之一，即使没有转化，也能够加深消费者对直播间的印象，在有需求的时候来到直播间。

图 5-2

使用主播头像封面图也方便和故事性标题相结合。有人物露出，有故事性标题，二者能激发出用户好奇的火花，在不违背直播内容的基础上，吸引消费者前来观看。

案 例

我们在运营一家童装店铺时，针对标题进行了一次优化。我们思考，为什么有些达人主播带货童装的效果很好？通过调研发现，主播通过宝妈的身份和孩子的故事，能与用户产生很好的互动效果，使用户产生强烈的共鸣。

虽然是天猫品牌商家，但是依然可以用这样的方式来尝试与消费者沟通。所以，我们将直播间标题从更有品牌调性的文案“全场秒杀，衣服抽奖送”，替换为有故事性的标题“双胞胎童模的穿搭技巧”，再搭配与双胞胎童模合影的图片，如图 5-3 所示。

图 5-3

其中，左图是标准的产品形象图，右图则是与童模的合影。在这一标题中，“双胞胎童模”本身就更具有故事性、话题性，可爱萌趣的宝贝天然就能吸引宝妈用户的点击。但是在直播间主播只会介绍双胞胎童模的穿搭技巧，而不会让孩子入镜，只要讲述的内容与搭配技巧强相关，就不算违规内容呈现，这样的主图和标题足以将我们所要阐述的主旨烘托出来。

经过这样的调整后，封面图的点击率从 2.79% 变成了 7.13%，如图 5-4 所示。从点击率可以看出，用户更能够接受调整后的主图和标题。这样的优化方式，推荐给商家学习，从内容中寻找突破点击率的契机。

图 5-4

有些商家为了提高自己的点击率，使用了明星头像做主图，营造出一种有明星助阵直播间的氛围。这里提醒商家，除非已经获得了明星本人或相关经纪团队的授权，或者在品牌与明星合作的过程中，拥有明星授权，确认肖像使用场景包括直播间封面图，才可以使用明星头像做主图。在其他情况下，一律不允许使用明星肖像。在直播间投诉渠道中有对应的举报通道，如图 5-5 所示，所以请各位商家不要出现此类失误。

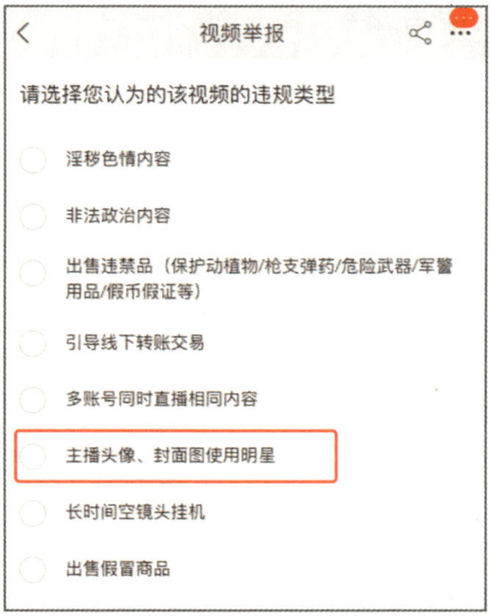

图 5-5

5.2.2 标题点击率的优化

一篇文章的标题只有具有诱惑力，用户才更愿意点击进来看。而直播间不仅需要有诱惑力的标题，还需要一张优秀的图片，双管齐下，功效更佳。

“问渠那得清如许，为有源头活水来。”源源不断的公域流量必须配合有诱惑力的封面图和标题来吸引用户，让他们更有兴趣点击进来看。

封面图和标题点击率优化是提升直播成效的第一阶段内容，其策略本质就是“诱惑”，好图配上好文案让封面图的点击量暴增。

如何练就好的标题文案？

让我们先来看看以下两个标题，哪一个更吸引人。

A．直播间有好物，点击抢购。

B．年中福利清仓，99 元买潮酷套装。

在这两个标题里，相信大部分用户都会选择点击 B 标题。

A 标题给人以“目标模糊”的感受，“有好物”，有什么“好物”？用户怎么知道这就是他想要的“好物”？

“点击抢购”，看起来是行为驱动，但是却没有给用户足够的驱动理由，让用户不知所云，从而放弃点击进入直播间，导致点击率提不上来。

在 B 标题中，“清仓”两个字能够直观唤醒消费者的关注，因为在消费者的印象中，“清仓”等于“便宜”。后面一句中的“99 元”则以数字来唤醒消费者的敏感性，有数字的呈现更能够吸引人，就如同那句经典的广告词“充电 5 分钟，通话 2 小时”一样吸引消费者。最后再来补“临门一脚”，99 元不仅便宜，还能够让用户买到“潮酷套装”，产品对标精确，用户敏感性更强，直观感受性价比更高，不如就点击进入直播间看看有多“潮酷”吧，于是点击率就这样提上来了。

我们看过不少直播间标题的案例，一个好的标题让直播间仿佛亮起了“霓虹灯”，即使不购买，用户也愿意点击进去看一看，只要点击率提高了，潜在用户的截留成效就会提升。

通过调研，我们将优质的直播间标题基本分成以下几类。

1．利益点驱动型标题

利益点驱动是最基础、最直观的，在直播间完成活动策划后，商家可以将直播中最有吸引力的一个利益点当作直播标题，比如“睡衣专场 19 元起”“每日坚果 1 元秒，手慢无！”“新粉下单送面膜”等。

在直播中，需要如标题所说，真实给到用户相应的福利，不弄虚作假。比如上面提到的“每日坚果 1 元秒，手慢无”利益点，商家可以选择几个销售核心时间点，定时定量提供产品秒杀福利，既能够激发用户的参与度，又能够让用户回流，在下一个秒杀时段进入直播间抢购，提升热度。

不论是“秒杀”“买赠”“降价”还是“大额券”等，明确的利益点都能够成为直播间的利益点驱动型标题，如果有数字存在就更醒目了。用户对利益点的敏感性符合消费的“求廉心理”，当越来越多的产品福利在直播间专属发放时，用户的感知就会更强，参与度会更高。

2.“蹭热点”的标题

作为直播内容的运营者，需要对当下发生的时事和新闻保持敏感性，并能够从新闻大事件或流行元素中寻找到可以成为“蹭热点”标题的内容。

> “蹭热点”的标题虽然具有时效性，但是可以协助商家在短时间内获得较高的点击率。

案 例

以节日为标题：“情人节送好礼，女朋友超喜欢”。

以季节变化为标题：“夏季入伏，防晒好物推荐”。

以热门节目为标题：“学乘风破浪的姐姐选口红色号”。

在 2020 年疫情期间，不少商家推出了自己的抗菌产品，比如某商家使用“10

款抗菌床品打折啦”“驰援武汉，全场半价起”作为标题。因社会话题的延伸，让新闻中的核心关键词变得吸引人，关键词的敏感性刺激着消费者，如果产品能够与社会主流话题建立关联,则会让标题点击率有一定的提高。但一定要注意，不得进行虚假宣传，标题与产品需要真实呼应。

建议直播运营人员多看新闻、多捕捉有趣或热门的话题，将其灵活地揉进直播间的标题中，带来更多的趣味性。比如某仿真花店铺，在“草原最美的花，火红的萨日朗”歌词流行之时,将自己直播间的标题改为“草原最美的花,今天半价”。读一遍标题，旋律就已经出现在自己的脑海中，既生动、有趣，又让用户更有点击的冲动，想要看一看到底有哪些“最美的花”。

当然,“蹭热点”的标题必须与店铺的产品之间有一定的关联，如果没有关联，则会让用户有“挂羊头卖狗肉”的感觉。

3. 有故事性、激发好奇心的标题

美国一家媒体在报纸上举行了一个“一句话”故事大赛，其中不乏让人惊喜的“一句话故事”。

科幻故事：最后一个地球人独自在家，房门外响起了紧促的敲门声。

爱情故事：恶龙对王子说，“把公主带走吧，替我好好照顾她”。

短小精悍的故事，激发了观众的想象力，一句话让人意犹未尽，忍不住询问：“然后呢？后面的故事呢？”其实好奇心就是驱动消费者点击的“推动器”。

越来越多的商家喜欢用故事性标题，结合产品或者本场直播的内容，将标题本身变成了一个“一句话”故事。

案 例

粗粮产品店铺的直播间标题："瘦身20斤后我当了模特"。

童装店铺的直播间标题："创业单身宝妈，清仓抛货"。

美妆产品店铺的直播间标题："剧组化妆师的小秘密"。

此类标题具有故事性，仿佛是一个剧情预告，吸引用户来听一听主播此刻正在讲述怎样的故事。这是以"内容预告"的形式来吸引消费者观看，一边听内容，一边带货。

商家可以使用此类具有故事性的标题来吸引消费者，标题应尽可能贴近直播内容，与直播产品建立关联，才能完成带货目标。如果使用过度夸张的标题，或者使用违规内容刻意吸引消费者，则会带来适得其反的效果。总之，一切标题都需要建立在淘宝直播的要求之上，不宜剑走偏锋，过度标新立异，避免产生内容偏差。

4. 击中消费者痛点的标题

不要忘记我们的目的是提高标题的点击率，从而实现转化率的提升，那么还有什么标题比直击消费者的痛点更加有效呢？如果一个标题给消费者带来"说中了心事""击中了刚需"的感受，那么这样的标题的点击率会远高于普通标题的点击率。

案 例

空调毯店铺的直播间标题："办公室好冷，空调毯来了"。

代餐产品店铺的直播间标题："美味又低卡，好吃不长肉"。

假发产品店铺的直播间标题："脱发美女的救星来了"。

此类标题更注重产品的功效性与用户使用场景的结合，符合消费者购买的心理。这样的标题更容易在公域中脱颖而出，因为千人千面的推广工具，会将直播间推到用户的面前，而击中痛点的文案能迅速获得潜在消费群体的关注，带来更精准的用户与更高的转化率。

5.3 停留时长——用户时间争夺战

在直播间的动态权重中，停留时长是其中非常重要的一项，用于衡量直播内容是否能吸引用户驻足。用户停留时间越长，直播间的权重越高，对在公域中的曝光越有利。

基于内容的创作，是源于店铺运营人员的内容打造和利益点吸引的，所以这是一个突出重围，在所有竞品店铺中获得领先地位的机会。在用户停留时长的提升上，有以下几种方式值得商家尝试使用。

5.3.1 利益点驱动

1. 以优惠券带动用户停留时长的提升

在直播间，有两种优惠券与用户停留时长直接关联。一是观看时长优惠券，用户通过完成设置的观看时间来获得优惠券，比如观看 10 分钟，获得 10 元无门槛优惠券；二是点赞券，用户通过完成点赞的数量来获取优惠券，比如点赞 200 次，获得 20 元无门槛优惠券。

在这两种优惠券中，我们推荐商家选择使用点赞券，因为点赞券不仅能拉长用户观看时间，还能促进用户与直播间的互动，两全其美。

直播间只要有点赞，就可以在直播间右下角的区域看到小图标气泡不停地冒出，如图 5-6 所示，对直播间氛围的烘托有一定的好处，用户可直观感受到直播间热闹的氛围。

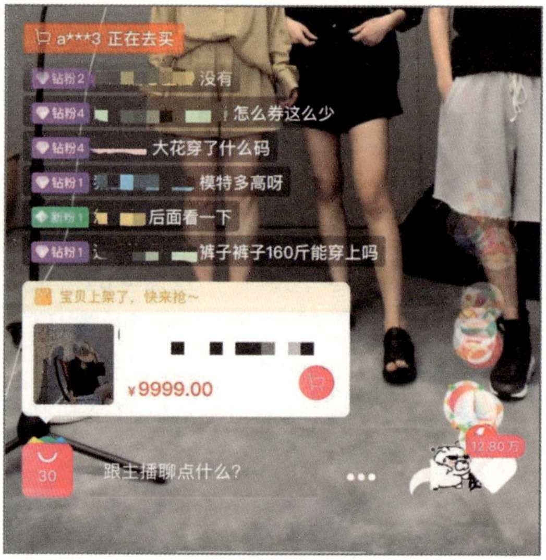

图 5-6

对点赞券的设置，商家可以根据本场直播的需求来权衡。一般来说，关注券门槛最低，普遍以无门槛优惠券为主，吸引用户关注店铺。点赞券则可以适当升高门槛，定为第二梯度的优惠券，比无门槛优惠券略高即可。

2．以点赞满额抽奖形式带动直播观看

为了促进用户点赞，商家也可以通过点赞满额抽奖的形式来代替普适性优惠券，将福利集中提供给一小部分用户。这种形式福利高，驱动力强，也可以带动用户观看和停留。

点赞满额抽奖或抽大额券的形式，能够激发用户的参与感；或者在已下单的

用户中，通过在评论区输入口令后截图抽取奖项，也能够激发直播间的转化，吸引用户在截图抽奖中“试试手气”。

商家需要注意点赞满额抽奖的“冷却期”，比如约定 5 万次点赞抽取免单一次，中间的冷却期较长，用户感觉中奖无望，等待的时间又太长，则往往会造成用户的大范围跳失，导致直播观看效果迅速弱化，影响直播间用户的停留时长。

这里需要注意，建立福利机制是必要的，但是直播间的无门槛赠品福利设置，比如免费抽奖送礼品的活动，可能会吸引来一部分“薅羊毛用户”（只为了抽奖而来且无购买意向的用户），所以商家可以适当考虑成本，将福利给到已经下单的用户，这样既能够保证直播效果，又能够合理规避成本风险。

直播间的福利是能够给用户以观看刺激的，但是商家的利益点机制建立是需要设置一定门槛的，其目的是达到预期效果，而不是为发奖品而发奖品。点赞只是互动形式的一种，需要让用户感知到福利并非唾手可得、人人有份。

直播间产品价格略低于该产品同期店铺售价即可，商家在控价时，可以遵循梯度化价格设置。比如，店铺设置三种不同的价位以适应大促和日销阶段的控价，让消费者有更好的购物体验，不会因价格波动产生反感情绪。

如果直播间的产品价格和利益点在短时间内有太大的起伏，则会引起用户的反感甚至投诉。我们的目的是为用户带来价值，而不是创造不适的购物体验。

5.3.2 优质内容吸引用户

“直播形式千千万，好看才能玩得转”。何为“好看”？就是直播的内容丰富有趣，让用户主观驱动自己停留下来，继续观看。这比利益点驱动更难，但却更有效。

随着淘宝直播的发展，越来越多的商家意识到，在直播间不断强化销售属性已经无法满足用户的需求。我们可以把淘宝直播理解成一个大型的电视台，每天电视台播放的节目是滚动的、不断更新的。

什么样的内容才能吸引消费者停留？

答案是其爱看的内容。

想要与竞品直播间拉开差距，只能通过内容的丰富程度来打侧翼战。比如一家美妆店铺，招募一名有化妆师工作经验的女生担任主播，她在直播间使用店铺的美妆产品，演示明星仿妆或动漫人物的妆容。这样的内容是生动有趣的，用户在观看过程中，可以学习到不少美妆技巧，主播的耐心讲解，让一些美妆新手也能获益良多。这就是用内容来吸引用户观看的典型案例。

在以货品为优势的淘宝直播中，内容依然是不可缺失的重要部分。用户在进行消费选择时，除了关注产品的好坏，还会关注直播间为自己提供了怎样的价值。即使用户不购买产品，我们也要注意直播间是否有有趣的内容或知识点露出，这会让用户感受到直播的用心。

相比于利益点驱动的直观和简单，内容呈现会更难，也更有价值，直播间的优质内容或可奠定店铺的品牌基因和用户的长久黏性。所以希望商家不要草率地将店铺直播理解为平淡的产品介绍，而是要理解为“一档好看的电视节目”。

优质内容对店铺的影响是深远的，也是成就商家“播品牌”的重要组成部分。它能够随着用户一起成长和更迭，当优质直播内容有了一定的粉丝积累后，便可以在此基础上不断延伸，直到将店铺直播作为一个独立的“小综艺节目”看待，此时品牌的势能将被大大激发，成为用户心中美好的“红玫瑰”。

对于粉丝量较大的大品牌商家来说，在直播间更应该呈现更有专业度的内容，更加符合品牌调性的栏目定位，方能彰显大品牌的实力。

对于粉丝量不够大的小商家来说，将直播内容尽量做得精细化、职业化，不让用户觉得粗糙和草率更重要，真诚对待每一个用户，让他们来到直播间，就有一种宾至如归的感受。

5.4 转粉率——新老粉丝攻坚战

5.4.1 新粉丝专属权益

如果一个粉丝初次来到一家店铺的直播间，就被其内容和产品所吸引，关注店铺并完成他在此直播间的第一单，这样的拉新加转化一条龙的成效是不是让很多商家兴奋？

其实直播间的价值是多维度的，主要体现在三个方面：

一是产品销售带来的转化价值；

二是直播间内容呈现带来的品牌价值；

三是通过直播沉淀的粉丝价值。

曾有卖家衡量过淘宝的粉丝价值，目前淘宝上每个粉丝的价值为 20 元左右，即普通的商家可能需要花费 20 元左右的拉新成本，才能完成一个粉丝的积累。

粉丝也是一家店铺的“重资产”，看看自己店铺有多少粉丝，再乘以 20 元左右的拉新成本，是不是对自己的店铺更有信心了呢?

直播间要想吸引新粉丝的关注，可以采用以下几种方式。

1. 关注券和新人券

要想拥有转粉力，就要给予用户一定的新粉丝权益，最基础的方式是通过关注券的形式来实现。关注券已经是直播间的标配，每一家店铺都要设置，优惠券的力度可以根据商家的成本进行设置，一般以无门槛优惠券为主，刺激用户消费，完成首次下单。

新人券是2020年淘宝直播新推出的优惠券，设置了新人券的商家，用户只要点开其直播，就会立刻以弹窗形式出现一张新人券，如图5-7所示。用户可直接领取，方便快捷，能够加速新用户的转化。

图 5-7

2. 产品权益

除了使用优惠券，还可以将新粉丝权益下沉到产品上。

商家可以在直播间设置一个专供新粉丝购买的基础产品，它可以是直播间的爆款，也可以是成本较低的“尝鲜装”和“小样”。比如在美妆店铺常见的“试用装”产品，仅供关注的新粉丝以低价甚至免单的形式拍下，既能促进转粉，又能提高转化率。

有些护肤品店铺，为了给新用户更多的信心，对初次下单的用户免费赠送“试用装”产品，用户先使用“试用装”产品，如发生过敏或使用体验不满意，正装产品可以退换。这样的产品权益很受新用户喜欢，在购买产品时会更安心、更有保障。

3．服务权益

一家店铺针对粉丝的服务是要优于路人用户的，提供给粉丝的服务权益也是能够实现拉新目标的，商家可以在直播间的贴片或者公告里强调，关注直播间的粉丝可享受优先发货的权益。

有些商家的产品存在一定的服务周期，售后服务也是用户关注的重点。比如家用电器类产品、美妆护肤类产品等，对于此类产品可以强调售后周期的服务，实现服务链路的延长，从而吸粉。

案 例

有一家销售染发产品的店铺，其直播间主播告知用户，只要是关注店铺的粉丝，就可享受店铺客服人员一对一在线染发技术指导并加赠染后护理产品。

消费者自行染发存在一定的操作风险，操作不当会影响染发效果，因此需要专业人员的指导。这样的服务解决了用户在使用产品过程中可能产生的痛点需求，延长服务链路，激发用户对服务协助的需求，从而完成关注动作。

5.4.2 会员体系管理

从店铺粉丝运营的机制来说，关注店铺的用户可以成为店铺的初级粉丝，而真正具有高互动性、高黏性的粉丝则是沉淀在店铺自主的会员体系里的用户。

通过店铺自主的会员体系，不仅可以深度触达消费者，还能在每一次产品上新后，向会员发出提示信息。在会员专区，用户可以享受店铺更高层级的优惠力度，领取积分兑换的礼品。

商家可以把大额券放在会员体系中，用来带动高级会员的沉淀和转化。据官方数据初步统计，会员体系中的转化率是店铺转化率的两倍。为了提高私域的展现力度，商家可以在店铺主页中露出会员体系信息，如图 5-8 所示。

目前，只要店铺设置了会员体系的相关内容，再设置一张会员入会的专享优惠券，直播间就可以置入这张优惠券，在直播间的右上方出现引导用户关注会员体系的信息，如图 5-9 所示。其位置醒目，能直观地吸引用户关注，对直播间的粉丝转化有一定的帮助。

图 5-8

图 5-9

在直播的过程中，吸粉离不开主播的话术引导。我们在培训店铺主播时会不断强调，主播需要将引导关注店铺的内容当作习惯用语，每隔几分钟就要提示消费者关注，并强调利益点以提升消费者关注驱动力。

店铺直播间的转粉是一项长期工作，商家也可以通过短视频和微淘等内容，强化店铺转粉的效果，并在所有内容渠道中传播“粉丝权益更高”的核心价值，让用户建立对店铺长久的忠诚度。

5.4.3 直播间付费推广

2019 年算是店铺直播的元年，2020 年必然是店铺直播快速崛起的一年，2021 年会是店铺直播常态化的一年。当店铺直播成为店铺运营的标配时，就意味着市场成熟了。在有限的流量池中，竞争者越多，意味着竞争压力越大，而流量获取能力就越弱，免费流量越少，推广就成了必然。

通过直播间的多种营销玩法拉新是一项重点工作，但同时付费推广也不可或缺，甚至承担了更为重要的“前锋”工作。通过推广，吸引消费者进来，再通过内容将消费者截留，这就是转粉工作的组合拳。

目前淘宝直播有多种推广工具供选择，如钻展、直通车、超级推荐等大部分商家耳熟能详的推广工具，都能够让直播间触达新用户。其资源位及其他相关信息如表 5-1 所示。

在本书第 9 章中，我们将针对直播推广进行深挖，使用推广工具带动拉新成效，满足用户对新粉丝触达的需求。

表 5-1

类别	工具	位置	展示方式	计费方式	特点	操作
展示广告	钻展	手淘 App—手淘首页焦点图 2、焦点图 3	直播模板、微动效	CPM	定向人群，投放灵活	直播前 / 直播中
搜索广告	品牌专区	手淘搜索结果页—顶部“官方”字样 Banner	直播模板、微动效、视频	CPT	搜索场景，品牌专属	直播前 / 直播中 / 直播后
	直通车	手淘搜索结果页—“HOT”字样宝贝	直播模板	CPC	搜索场景，投放灵活	直播中 / 直播后
信息流广告	超级推荐	手淘首页猜你喜欢第十坑	直播模板	CPC/CPM	定向人群，投放灵活	直播中
		手淘购后链路—购物车、付款成功页	直播模板	CPC	定向人群，投放灵活	直播中
		微淘热门推荐—首坑	直播模板	CPC/CPM	定向人群，投放灵活	直播中
		淘宝直播广场—精选频道—首坑	直播模板	CPC/CPM	定向人群，投放灵活	直播中
	品牌特秀	猜你喜欢首坑、第七坑	微动效、视频、淘积木互动页	定价 CPM	定向人群，保价保量，分时投放	直播前 / 直播中
生态广告	超级风暴	阿里巴巴旗下八大 App 开屏广告	静态、视频	定价 CPM	定向人群，保价保量	直播前
	超级通告	优酷贴片、暂停	静态、视频	定价 CPM	分时投放，点击结算	直播中

5.5 高效成交——多方位提升转化

相比于前几项数据能找到对标的核心提升关键，转化率数据的提升最复杂。

消费者在购物的过程中，驱动下单的消费心理是多元的，用户可能被主播的话术吸引，可能被店铺的营销方式吸引，可能是刚需驱动的，也可能是冲动下单。商家可以从以下几个方向寻找契机来提升转化率，如图 5-10 所示。

图 5-10

5.5.1 主播话术提升

如果店铺的转化率不佳，则应该先考查主播的话术是否合格。主播的直播话术并不一定需要达到达人主播那样带货能力极度专业的程度，只要能够在直播时完美地回复用户的大部分问题，就是合格的直播话术。

主播的话术可能会存在两个失误：一是回复不及时；二是因主播的回答不专业而导致用户跳失。

直播中的主播要专注，持续关注用户评论，不可在直播状态中因评论不多而分心，导致忘记及时回复用户的问题。直播间的评论有 5~10 秒不等的延迟，当主播看到评论时，用户已经等待了数秒钟，所以需要及时给用户反馈，不能让用户等待的时间过长。

此外，主播需要做到尽可能有问必答，除非是售后问题或者必须通过文字或图片展示的问题，才可以引导用户咨询客服人员，否则主播都要主动回答，比如店铺发什么快递、产品的产地是哪里等。

有些主播在培训不过关的情况下，不了解信息，只能够草率地回复用户，比如“这样的问题你可以去问客服人员”。表面上看，主播指引了正确的信息渠道，实际上用户只要离开直播间，就有可能带来跳失，毕竟询问客服人员还需要再经过一次沟通和等待，而用户的耐心是有限的。

遇到自己不知情的问题，主播应第一时间主动联系店铺工作人员，掌握并记下重要信息，在下播后强化培训，避免再发生类似的情况。

一切售前信息，主播要了如指掌，做到知无不言。这是主播的一项重要技能。

5.5.2 店铺资源倾斜

在店铺运营的过程中，商家一方面想实现扩大市场体量的需求；另一方面又想实现提高利润的需求。从某种角度来说，这两个需求有一定的冲突，但是在将直播运营和店铺运营同时做得尽善尽美的情况下，冲突是可以避免的。

当直播间的销售额已经占据了店铺销售额的“半壁江山”时，商家可以把直播间看作店铺里的“奥特莱斯”，以高性价比、高优惠力度吸引消费者。店铺中的标价比直播间略高，且利润较高，因此店铺成为商家做利润和客单价的主阵地。

直播运营和店铺运营二者各有分工，针对各自的定位进行不同层级的用户切分。尤其是在店铺的商品管理体系中，需要对直播间做到一定的资源倾斜，这里主要指上新机制和产品价格的倾斜。

1. 上新机制的倾斜

基于用户对新品的需求，直播间是用来测试新品最好的阵地。

不论是加购还是转化，在直播间实现新品的首拨冷启动，对店铺新品的推广有着重要的帮助作用。在直播间商家可以知道什么样的产品更能够获得消费者的关注，通过加购和点击数据初步权衡下单量，规避因判断不准确带来的库存风险。

在服装类店铺中，最常使用的预售机制能够为供应链端的稳定带来帮助。在店铺产品定价之前，先将所有的新品拿到直播间来展示，通过用户的反馈和各项产品表现数据来确定最终售价和下单量。如果产品有一定的预售期，则也可以通过直播间首发预售来实现产品的快反机制。

在直播和“网红经济”的影响下，供应链交货效率有了很大的提高。部分类目如服装、家居等，在产品翻单的周期下，交货效率提高了 50%。

此外，为直播间用户量身定制的产品体系也逐渐浮出水面，商家通过直播间的新客户和老客户的触达，能更加了解消费者对市场爆款产品的需求，并反向定制更加适合直播间用户的产品。

相比店铺的静默下单，在直播间的销售场景中，主播和运营人员能够更深层次地触达消费者，了解他们的真实需求，实现平行沟通、相互互动的营销场景。

这就如同一家服装店铺，用户需要什么产品，店主才去进什么样的货，最大程度地保证产品就是用户真正的心头好。

在直播间进行新品推广，可以实现小步快跑的营销策略：产品更迭快、新品测试准、销售效果好。在直播运营中，商家不妨先让新品来直播间打一轮“擂台”，方可看出新品的真实潜力。

2. 产品价格的倾斜

不得不说，产品控价有时会让商家感到头痛——商家不仅要面对多个营销活动的产品控价，还要满足不同层级的达人推广中的利益点需求。

有了店铺直播间的存在，就相当于无形中增加了一个维度的控价体系，而且直播间的产品供价或有可能是全渠道最低的价格需求，商家要在成本和毛利之间做好实时把控。

针对店铺产品，大部分商家需要3~4个不同维度的定价，方可满足不同营销阶段的价格需求。根据店铺定价，商家可横向对比出直播间定价。

我们建议商家，为了实现直播间推广效果和用户吸粉转化的目标，直播间的产品售价需要略低于店铺定价。在同一时期、同样的营销活动中，店铺可以采用小额券或赠品形式，将直播间产品的性价比再提高一些。

如上文所说，店铺可以成为商家做利润的阵地，直播间可以成为提升转化和受众广度的阵地。针对二者需要做到合理权衡与匹配，但资源的倾斜是必要的。

店铺运营也要和直播运营相互打通信息、相互配合，做好工作的衔接。有些商家在设定公司绩效时没有考虑到二者之间的相关性，将二者的绩效要求摆在了对立面上，于是便出现了店铺运营和直播运营相互打价格战的情况。

虽然店铺运营的负责人与直播运营的负责人各自承担着销售目标，但是只有相互配合才能把店铺做好，不要因利益分配问题而产生沟通矛盾。在建立好相应机制的前提下，各自朝着自己的目标努力，店铺运营需要直播运营提高转化率和销量，直播运营也需要店铺运营提供产品利益点的支持。切记，做好店铺直播需要依靠团队配合，而不是各自为阵，相互竞争。

在直播间销售过程中，商家不仅仅在卖货，还在卖自己的品牌价值，用户在购买的过程中也有付出，用户付出的就是“时间成本”。品牌与粉丝的沉淀会给商家带来隐形的权益，在直播间小额降价，实际上是在购买用户的“时间成本”和“隐形价值”。

当店铺的粉丝和会员体系的用户逐渐成为权衡一家店铺软实力的标杆时，主动通过直播间形成品牌效应和粉丝经济是商家的重点工作之一。

5.5.3 营销玩法优化

纵观淘宝近两年的发展，我们会发现平台对直播渠道的资源倾斜和政策扶持也在逐步优化。

2020 年，淘宝直播的各种营销玩法有了跨越式的发展，官方平台愈发能够站在商家的角度，主动完善机制，协助商家完成有更多创意的玩法。

比如 2020 年，一部分商家开始尝试连麦玩法，与人群画像类似的商家进行连麦。在连麦过程中，既能收获新粉丝，又能达到一定的转化效果。但是过去商家必须要自主联系连麦目标，比如在商家群中，自发性进行推介，选择合适的连麦对象。

这一机制将逐渐得到优化，官方平台能够为商家匹配对标的连麦目标，连麦方只要发出申请，对方接受，即可完成一次连麦。

这一机制的优化是基于算法逐步提升的，店铺人群标签越精确，系统匹配就会越精准，实现两个商家的共赢。商家也会节省更多的时间和精力，不再为联系资源而苦恼。

在红火的打榜玩法中，过去以总榜单论输赢，但是全天的榜单相对较稳定，头部基本被大商家占据，腰部商家失去了公域露出的机会，而在 2020 年的调整中，除了全天的总榜单，还出现了小时榜单。小时榜单更有利于中腰部商家在某一重点时间段，冲上榜单前列，获取更多的公域展现资源，如图 5-11 所示。中腰部商家可以集中资源，将大力度的营销玩法匹配进重点时间段，高强度拉动转化，于是在小时榜单上

图 5-11

就可占据一席之地，吸引大流量，带来优质转化。

除了官方平台提供的营销玩法，商家可自主操作的营销玩法更加丰富。比如，通过内容呈现提升直播可看性；通过秒杀玩法拉动直播转化率；通过清仓玩法减少库存压力等。总体来说，淘宝直播越来越像一个场景化的平台，而在这个平台上，商家愿意扮演什么样的角色，给消费者提供怎样的价值，是商家可自主调控的。对比店铺稳定且成熟的营销玩法，淘宝直播的玩法将在创意之中拥有更多的可能性。

5.6 分享率——让裂变带来新生机

“废话不多说，抽奖来一波。”在薇娅的直播间，这句话是她开场白的标配。每一次开播，将直播间分享出去，是达人主播的任务之一。商家也不例外，分享至私域后的直播间能带动更多站外流量的拉新，这些消费者的成交势能也不容小觑。

第一，要想提高直播间的分享率，需要内容本身不枯燥、有趣生动、利益点多、福利多，让人找到转发观看的目的。这一点强调过多次，这里不再赘述。

第二，巧用裂变优惠券实现直播间的高分享，力荐商家尝试。

直播间裂变优惠券是商家通过发放大额优惠券吸引消费者，将直播间分享给他人，进而获得大额优惠券的玩法。商家通过淘宝直播中控台，在裂变优惠券设置入口，点击进入后就可以设置，如图 5-12 所示。

商家设置好直播间裂变优惠券后，在直播间右上角出现裂变标识，引导消费者点击并转发，如图 5-13 所示。

互动面板
即将下线
新版
NEW
宝贝
宝贝
优惠券&红包
抽奖
投票
店铺小卡
关注卡片
公告
粉丝推送
跨店满减券
裂变优惠券
切红包
拼团宝贝
推送粉丝群
购物小程序
预告订阅卡片
店铺会员权益

图 5-12

天猫6.18
家直播福利
点赞领券
30
分享领券
100
100元
分享抢券
20元
入会领取
分享好友
获得超级优惠券
¥100 满500使用
养生堂化妆品旗舰店
有效期：2020.06.05-2020.06.15
分享 3 名好友即可获得

图 5-13

裂变优惠券是拉新利器，不仅分享者可以获得大额父券，被分享者也可以获得一定数额的优惠子券，成为店铺新客户的可能性较大。

裂变优惠券的使用场景皆是围绕直播间的，裂变优惠券拉回的所有用户会回流至直播间，在直播过程中，主播需要对裂变优惠券的引入进行口播引导，强化用户关注大额券。

案例

主播话术："大家看下屏幕右上角的券，今天的大额券超级给力，满 500 减 100 哦，只要分享给 3 个好友就能领取，还可以与红包、津贴、品类券叠加使用，大家赶快用起来！"

裂变优惠券分为父券和子券两种。父券是分享者转发任务完成后得到的券，子券是被分享者领取的券。父券的额度可以大一些，因为要驱动用户产生转发的欲望，如果额度太小，用户也不愿意去打扰自己的朋友帮自己转发和领取，所以大利益点更有驱动力。商家可以根据利益点的大小，设定拉新用户的数量，拉新 3~5 个用户是比较合适的。

子券的目的是引流新用户转粉或者购买，所以可以采用无门槛优惠券，降低购买门槛，这样用户转化的可能性更大——用户领取无门槛优惠券后，会主动搜索店铺中单价低的产品，完成首次购买。

父券和子券之间相互配合，才能使拉新的效果更好。

案例

某饰品旗舰店在直播间设置好一张满 101 元减 100 元的无门槛裂变优惠券，拉新 5 人后可以获取，新用户点击进入后可以获得一张 20 元的无门槛优惠券。

店铺产品的均价在 69~99 元之间，平均客单价在 150 元左右。通过分享优惠券，用户花 50 元左右就可以购买到心仪的产品，同时带动 5 个新用户进入直播间。因为新用户领取的是 20 元的无门槛优惠券，所以可以选择购买 69 元的产品，以 49 元的价格买下。综合来看，商家在不亏损的基础上还能带来新用户，两全其美。

特别提醒商家：目前直播间裂变优惠券不计入最低价，商家无须担忧影响控价问题。

6

第 6 章

打造直播间的“播品牌”营销方案

6.1 用策划的多样性提高直播效率

在前面的章节中我们提到，从属性上分类，直播属于内容营销。只要是营销学的范畴，必定要提到营销 4P 理论，其包括产品（Product）、价格（Price）、渠道（Place）和宣传（Promotion）。这个经典的理论从 20 世纪 60 年代延续至今，在广告学、营销学中被广泛运用。

这个理论在发展的过程中不断被实践验证，成为主导营销的基础模型架构。万变不离其宗，所有与直播间紧密关联的货品管理（产品）、价格体系、渠道运营、推广（宣传）都与 4P 理论紧密关联。那么在直播间，调动 4P 环节中四个重要元素的工作内容，我们称为"策划"。

当直播间进入稳定运营状态后，运营人员就应该思考如何提升直播间的核心价值——让直播间实现高效带货能力。

运营人员要有意识地去解决以下几个问题：

- 让每一个来到直播间的用户在这里停留时间延长。
- 让每一个本没有购买欲的消费者在这里加购和购买。
- 让消费者首次来到直播间就能完成下单。

这些问题的解决方案就是多样性的活动策划，在这一章中，我们会深入讨论如何通过各种营销策划来提升直播间的直播效果。

6.1.1 店铺直播流量的底层逻辑

在讲解活动策划前，我们先把流量的来源梳理清楚，这样有助于理解活动策划和内容呈现。

首先，店铺直播间的流量从何而来？

从属性上分类，可以把店铺直播间的流量分为两类。

1. 店铺的私域流量

店铺的私域流量，指积累在店铺中，只有点击进入店铺，或者有过关注和购买店铺产品行为的用户才能够触达的流量。

这一类流量相对封闭，我们称为“私域流量”，它的端口基本有以下几种。

- 店铺首页直播 Banner：当商家开通直播后，每一次直播的预告和正在进行的直播都会在手淘的店铺首页上进行展示，其占据的位置仅次于店铺名称和分类栏，画面同步了直播间正在播出的内容，用户看到直播中标识，就可以点击进入观看，如图 6-1 所示。

图 6-1

- 客服消息触达：在客服回复中添加引导至直播间的链接，在用户主动咨询产品和活动时邀请其至直播间领取优惠券等。

- 用户短信：虽然很多商家都已经开通了直播，但是用户很容易忽略大量的触达信息和提醒，所以部分商家会使用短信形式，在给店铺用户发送的短信提醒中添加上直播间的地址，用户可以通过点击该地址进入直播间。

- 其他店铺自主引流流量：比如在微淘页面引流直播间，或者在详情页中设置引流 Banner，导入直播间等。

这一类流量的共同特点是，店铺可以自己掌控流量入口，但用户池容量有限，只有来到店铺的用户才能进入直播间，触达面相对较窄。

在直播间运营初级阶段，尤其是店铺粉丝没有足够的积累时，商家就会发现私域流量是非常有限的，其中一大部分都来自店铺粉丝的沉淀，还有一小部分是用户先来到店铺，后被直播吸引，再移步至直播间下单的。

很多商家焦虑同一个问题：直播开播后很长一段时间，在线人数比较少，每天的累计观看量比较低。这就是因为店铺流量本身是有限的，私域的用户虽然稳定，但却很难带来大流量观看。

在仅靠店铺私域流量的直播阶段，用户的积累、店铺信息的主动触达变得至关重要，这就需要店铺用户必须与直播间深度接触，清楚地知道每天稳定的直播时间和直播内容。

> **提醒商家：在为直播观看率焦虑时，先看看自己的私域触达是否已经尽善尽美，是否已经有了很好的机制可以引导店铺用户进入直播间。**

2. 店铺的公域流量

提起公域流量，就必须要说到浮现权。关于浮现权问题，是我们在做咨询时遇到的比较多的问题之一。

浮现权是淘宝直播的一道重要门槛，它相当于直播间的一扇门。在获取浮现权之前，大部分流量都是私域流量，只有拥有了浮现权，才算是向公域打开了直播间拉新的大门。

那么，应该如何获取浮现权？

获取淘宝直播的浮现权，基础要求是满足账号 V2 等级，且符合《淘宝活动营销规范》。在满足了以上要求后，还需要对经验值和专业分进行提升（分值如表 6-1 所示。

表 6-1

<table>
<tr><th>等级</th><th>经验值</th><th>专业分</th><th>升级条件</th></tr>
<tr><td>V1</td><td>—</td><td>—</td><td rowspan="4">经验值和专业分达到要求
优品率达到对应指标
V1 到 V2 需达到 99%
V2 到 V3 需达到 99.5%
V3 到 V4 需达到 99.7%</td></tr>
<tr><td>V2</td><td>3000</td><td>—</td></tr>
<tr><td>V3</td><td>7500</td><td>7500</td></tr>
<tr><td>V4</td><td>15000</td><td>15000</td></tr>
</table>

经验值和专业分衡量标准是决定直播能否浮现的重要指标。

经验值：主要有两个核心指标，一是开播时长，1 分钟计 1 分，每天 200 分封顶；二是互动类数据，指的是用户对直播间的点赞、互动、关注、分享等数据，每天 100 分封顶。

所以获得经验值的关键是：保持每日稳定的直播时长，并能够在直播中和用户良好互动。

专业分：这是为直播间引导和主播的专业程度而设定的衡量标准。提升专业分有助于在淘宝站内选择更多的细分领域，做深度流量的沉积。综合而言，在店铺直播间运营初级阶段，对这项分数可以不做过高的要求。我们的目标是浮现权，所以只要满足 V2 等级中的要求即可。

综上所述，让不少商家焦虑的浮现权并不是那么难以获取。只要稳定直播时长，有意识地引导粉丝来参与直播间的互动，大部分直播间 15~20 天就可以完成浮现权的获取。

因为手淘站内对店铺直播的关注，在政策上或有可能有所波动，获取浮现权的门槛会有所调整，再加上对不同类目的互动类数据要求有所不同，所以建议商家先尝试直播，在直播运营的过程中，不断优化内容和运营节奏，也可以与类目的淘宝小二多多沟通取经，提高浮现权获取的效率。

当店铺直播间获取浮现权后，就可以在淘宝直播 App、手淘的直播板块、猜你喜欢等公域流量中获得展现，拥有更多的公域拉新机会，通过公域的拉新、超级推荐等推广工具的使用，为店铺带来更多的流量。

通过淘宝直播的中控台，在“我的权益”中可以查看到店铺现有的浮现权。

厘清逻辑，就会发现店铺直播间的流量分布如图 6-2 所示。

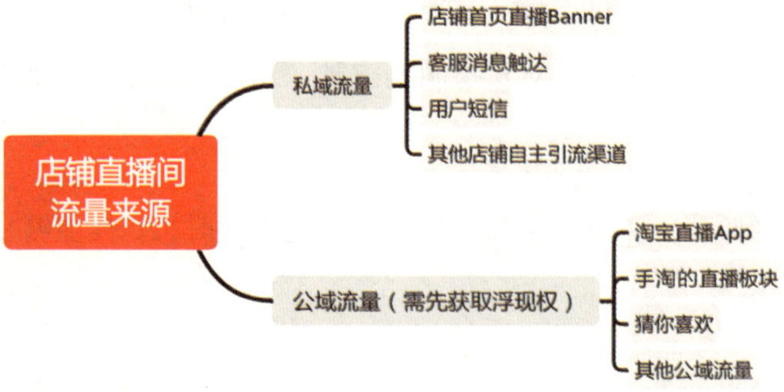

图 6-2

店铺直播流量入口清晰明确，在私域流量中，哪里流量不够补哪里，在店铺中完成对直播间的全面触达，用户接触的频次越多，吸引他们点击进入直播间的可能性就越大。尤其是在店铺直播间刚开播阶段，就如同新店开张一般，迅速完成首拨种子用户的吸引。

案例

某时尚女帽店铺，在开通直播权限后，为直播间的开播准备了 5 天的预热时间，做了精细化的筹备和用户触达工作，在设定好活动利益点后，工作计划如表 6-2 所示。

表 6-2

时间	工作项目	内容
第一天	选择点击量高的一张产品主图作为直播间的主图，设定直播主题文案，建立好直播链接	直播 Banner 中出现直播预告： 首播福利，百元优惠券送不停！
第二天	手淘首页轮播图设置直播海报，所有产品详情页设置 Banner，引流进直播间	文案统一： 我们开播啦！看直播抽百元优惠券！ 本月 15 日晚上 8:00，不见不散！
第三天	CRM 短信发送预告和利益点，客服回复同步触达	小店开播大吉！百元好券送不停！ 15 日晚上 8:00，见者有份！ 戳这里（后附店铺链接）
第四天	站内消息提醒触达用户	小店开播大吉！百元好券送不停！ 就在 15 日晚上 8:00，见者有份！ 点击这里观看（后附店铺链接）
开播日	开播时给用户发送短信通知	正在直播！抢好礼！手慢无！ （后附店铺链接）

从表中可以看出，虽然只是简单的一个开播活动策划，但是经过大量的信息触达，可以提高老客户的曝光率，分阶段、分时间段，充分利用站内站外的信息传播，提供足够的利益点吸引粉丝，就能够在首播赢得开门红。同时，在直播过程中不

断邀请粉丝分享至自己的朋友圈或者微博，也能够提升信息的触达效果。

有些店铺在直播时邀请自己的亲朋好友来参与互动，更能够促进直播间互动效果的提升。

作为直播间的运营者，请像对待大促一般，去对待直播间重要活动的策划，有目标、有计划、有节奏地安排活动策划和粉丝触达，用高效的执行机制搭配简单、明确的利益点，让每一次直播都执行快、有数据、能复盘。

6.1.2 玩转直播间营销活动策划

在营销活动的策划上，淘宝站内的策划是比较有节奏感的，相应的机制也比较成熟。在活动属性上，其基本分成以下三类。

（1）重要大促：“双 11”购物节、“双 12”购物节、“6·18”大促等。

（2）以品类为主导的促销节日：家装品类大促、品牌母婴品类大促等。

（3）以产品上新阶段为主导的促销节日：天猫新风尚、淘宝新势力等。

除了这三类活动，店铺自主营销的活动也比较常见，比如我们熟知的网红女装店铺，往往以店铺自主上新推广的节奏为运营的核心，有些店铺是不参与大促的，这是因为有足量的粉丝基础，所以在活动的策划上已经具有了充分的自主权。

还有一些店铺，基于自己的店庆日、活动日等也能够充分开展自主营销活动，比如某羽绒服品牌，在每年年终都会开展自己的“暖冬捐衣助学”活动，通过公益主题来带动消费者的触达，引导消费者参与到公益中来。

这些活动都是站内主流的活动形式，通过活动策划的推广，也可以获得不错的流量。

前面我们强调过，店铺直播流量与店铺活动运营强绑定，店铺流量好，直播流量就好，二者相辅相成，紧密相关。

因此，在直播运营时，不能错过任何一个与店铺和类目有关的大促。只要店铺流量来了，就必定有一部分会进入直播间。一个直播间的好活动策划，可以吸引人、留住人，并能够在直播过程中实现高于店铺转化率的直播转化率。

虽然直播从属于店铺，但直播的活动策划却可独立于店铺来完成，有部分店铺将直播间当成促销渠道，在直播间发布更有吸引力的利益点，也有部分店铺的大额券与秒杀福利仅在直播间发布。种种活动利益点，都是为了提高转化的效率。接下来，我们讲解直播间有什么样的玩法可以为提升粉丝量和转化率添砖加瓦。

其实店铺直播间就如一家独立的小店铺，开张做生意只有四个核心指标：新用户、老用户、停留时长和转化率，其他数据指标可做参考。只有核心指标足够精准，路线才能够走得直，活动策划才能有的放矢，带来好成效。

如果将转化率和粉丝量作为核心指标，那么以下活动操作可供商家选择。

1．粉丝量

（1）不定时抽奖

在直播过程中，主播需要灵活地运用促进粉丝关注直播间的话术，引导用户点击头像上方的“关注”按钮，关注直播间。并且还要不断强调关注直播间不定时抽奖，但仅限于已关注的粉丝。

用户进入直播间后，如果在下方评论栏里进行了回复，则主播可以轻松地分辨出回复人是已关注的粉丝还是未关注的粉丝。只要看用户名字前面的前缀即可，已关注的粉丝会直接显示用户的等级，如新人、钻粉、挚爱等；未关注的粉丝则没有前缀。所以，一旦看到用户名字前面没有前缀，就可以用话术引导该用户，喊出他的名字，引导其关注直播间才可以抽奖。

同时，在直播中控台的直播实时数据页面中可以看到实时在线人数，一旦在线人数较多，就可以开始截屏抽奖，且要求必须关注直播间才能够获得奖励。

这样每次抽奖时，都可以获得一部分新用户关注。

（2）粉丝增加人数满额抽奖

有段时间，我们在直播间直接挂出了后台粉丝增加人数的页面，尝试一个月后觉得效果很好。这里简单介绍一下方法。

设置活动利益点：粉丝每增加 50 个，抽奖送赠品。

在直播的过程中，主播需要时刻关注直播间的粉丝增长数据，并持续反馈给用户，可以每隔 15~20 分钟告知用户新增粉丝的人数，以及距离抽奖还差多少人数，让用户能够与主播同频互动起来。为了及时获得抽奖的机会，他们会引导自己身边的朋友关注直播间，推动粉丝增长。

（3）设置裂变优惠券

在直播间日常设置裂变优惠券是粉丝拉新的好工具。在直播间设置好分享券后，邀请正在观看直播的粉丝转发，转发者就可以获得相应数量的优惠券。在邀请粉丝转发时，可以告知他们在转发的过程中让朋友关注直播间，这样也可以完成比较高效的转粉。

2. 转化率

（1）买赠玩法

在直播间开展部分单品的买赠玩法，可以在产品下方的备注中注明，只要购买本款产品，在备注中注明“直播间福利”，就可以获得小礼品。这一类赠品通常比店铺的赠品略丰厚一些，以提升直播间下单的比重，一定要让消费者感受到专享优惠的特殊性和实用性。比如“实付款 >399 元，额外赠送口红小样一支”。

（2）多件多折

在直播间设置优惠，比如“买 2 件羽绒服，享实付款 9 折优惠”。并且当日已下单的用户可以享受抽奖的福利，随机赠送小礼品等。这样的玩法既可以提高转化率，又可以提升客单价。

（3）直播间福利单品

每天设置一款产品为直播间的福利单品，只有在直播间购买才能享受到优惠价格。商家可以在详情页中设置一张隐藏券，引导消费者在详情页中点击某张图来获得优惠券，就像主播和粉丝之间的暗号一般，引导消费者完成福利单品的下单。

以上玩法，我们在直播间运营过程中多次使用，并在数据上有明显帮助，商家可以尝试。当然，由于类目和粉丝喜好的不同，商家也可以多多尝试其他利益点玩法，灵活地使用促进转化的种种优惠券和买赠福利，让用户持续对直播间充满惊喜和期待。

6.1.3 跟着大促玩转直播策划

其实不论是天猫商家，还是普通店铺商家，在大促来临，平台流量爆发时，每个店铺都可以获得流量红利。这就要求商家把握住峰值，在大促来临时，针对店铺直播间设置独特的利益点玩法。这里介绍三种适合在大促阶段使用的活动利益点玩法。

1. 整点下单送礼物

大促来临，赛马机制很重要，尤其是天猫商家的会场赛马，好的赛马成绩会帮助商家在会场中获得更好的位置。店铺可以设置整点下单冲刺的玩法，在整点下单前5位，享小礼物赠送福利，比如：12点下单前5位，在备注中注明“直播间福利”，送面膜一盒。这类玩法可以引导粉丝在整点来拼手速下单，提高整点的转化率，并且对直播间互动的活跃度也有帮助。

2. 大促黄金时段冲击转化率

大促来临，一般在当天的零点，链接解锁，恢复可购买状态，消费者可以迅速下单。这个阶段用户下单购买欲是非常强烈的，转化率提高得很快。

直播间可以充分利用话术和玩法的优势，迅速把自己的隐藏利益点传达给消费者，比如：每30分钟满屏抽免单，仅限于已下单的用户，不断提升用户的购买欲和参与感。“满屏抽奖”的中奖概率更大，让不少消费者跃跃欲试，而该时间段的销售额对直播间的转化非常有好处。同时，可以邀请已下单的用户，评论出已下单的产品序号，用群体来影响更多消费者的购买欲，带动整个直播间的狂欢抢购风潮，从而在零点至两点的黄金时段迅速提高直播间的转化率。

3. 连麦玩法

目前淘宝直播已经开通了连麦玩法，两个不同的店铺可以同时出现在一个屏幕中，通过连麦点赞的形式同场PK，这样的活动可以激发用户的参与热情。不少用户说，每天定时的连麦已经让他们养成了参与的习惯，所以在直播中有竞赛性质的玩法更能够获得用户的喜欢。

连麦玩法要求两个店铺协同定好活动策略，同场PK时通过产品展示、话术来角逐消费者更喜欢哪一个直播间的产品。在介绍产品时，也要不断重复本场连麦的利益点，主播可以口播：“只要你是A店铺粉丝，在连麦时间段内，关注并购买了 B 店铺的产品，在备注里注明暗号“开心连麦”，就可以额外获得小礼物一个哦。”

这类活动双管齐下，既可以促进两个店铺的粉丝相互导流，又可以提高在连麦时间段的转化率，是商家喜欢尝试的活动玩法之一。

当然，为了保证连麦活动的效果，这两个店铺的粉丝画像要相似，在产品上又不存在竞争关系，就可以互惠互利、协同共赢。

6.1.4 日销阶段的三种新玩法

大促阶段的直播的确可以带来巨大的流量和转化，但是做直播运营，需要认真关注的销售潜力期绝不只有大促。当充分了解了粉丝的需求和购物喜好后，在日销阶段也能够带来转化率的惊人提高。

在日销阶段，买家会有更多的时间来逛直播间，有更多的耐心来听主播的讲解，同时小降价也能让用户更加敏感。

2020 年，部分商家受到疫情影响，店铺出现了一定的库存积压，利用日销环节中的小活动来促进店铺库存产品的销售，能够在一定程度上帮助商家减少库存压力。在日销阶段，尤其是在需要清库存的清仓季，商家可以策划以下几种活动。

1. 秒杀玩法

说到秒杀玩法，就不得不提将秒杀玩法运作得最熟练的达人直播。

2019 年，是薇娅和李佳琦声名鹊起的一年，我们深度研究了薇娅和李佳琦直播间的玩法，发现二者的营销亮点如下。

- 货品：海量选款，每天产品都不重复，促进了粉丝对产品的强烈新鲜感，每天都有购买冲动。

- 福利：除了产品本身的利益点，两位主播时常送出一些礼物，激发了消费者的参与感。这一点在薇娅直播间表现得更加明显，经常有手机、名牌包等大奖福利送出，"废话不多说，抽奖来一波"，就是薇娅开播的标志性语言。
- 高效产品表达：在讲解产品时，薇娅和李佳琦的共同特点是，他们可以在10分钟之内把一款产品的卖点讲明白。即使同场出现了同类产品，如面膜，他们也依然可以把每一款产品的特点淋漓尽致地说明白，让每一款产品适用的人群都对标精确，让不同的产品找到适合它们的主人。

根据两位主播的特点，我们将秒杀玩法引入直播间，在货品上，单场直播的选品保持在30个左右，不贪多。每一款产品讲解5~10分钟，稳定在3小时之内能够完成秒杀节奏。

达人主播因为有稳定的选品策略，可以做到日日上新款，但是对于店铺来说，选品不一定能做到每天都不同，商家可以尽量做到每天都有一定比例的新品。除了直播间的常驻爆款，剩下的秒杀款可以循环更迭。

在秒杀时间段产品的到手价，我们设置成等同于"双11"产品的到手价，"'双11'同价，无惧比价"的利益点简单明确，给消费者建立购买的信心。

为每一场秒杀的产品限定好价格和库存，不会一次上满库存，分2~3批次更新库存，视粉丝抢购的效果来决定加货的次数，营造"抢购"的氛围。

每隔半小时就开展一次抽奖活动，吸引更多的消费者加入其中刷口号，口号的信息则是明日活动的时间预告，如"每晚8点秒杀"等。

在直播间侧边贴图中预告直播时间，如图6-3所示，固定直播时间和直播时长，让消费者形成观看习惯，到点来秒杀，秒杀完抽奖，形成行云流水般的下单节奏。

图 6-3

在秒杀过程中，可以邀请消费者将直播间转发给自己的亲朋好友，带来更多的新用户。

这样的秒杀活动，我们持续了整整三个月，通过数据显示，观看人数在秒杀时间段提高了 10 倍，转化率是日销转化率的 2.5~3 倍。

随着用户习惯的形成，在年货节前夕的秒杀活动中，单场直播的销售额已经可以达到日销状态下整月的销售额，可谓效果卓著。

2. 签到玩法

为了提高店铺的访问量和用户黏性，有些店铺在主页上放置了签到券，如图 6-4 所示。用户来到店铺，关注并签到，只要连续签到 15 天就可以赢得相应的福利。这样的玩法，能够让用户形成访问习惯，有些用户为了获得优惠券或者礼物，会给自己定闹钟来签到，很好地促进了店铺和用户之间的情感关联。

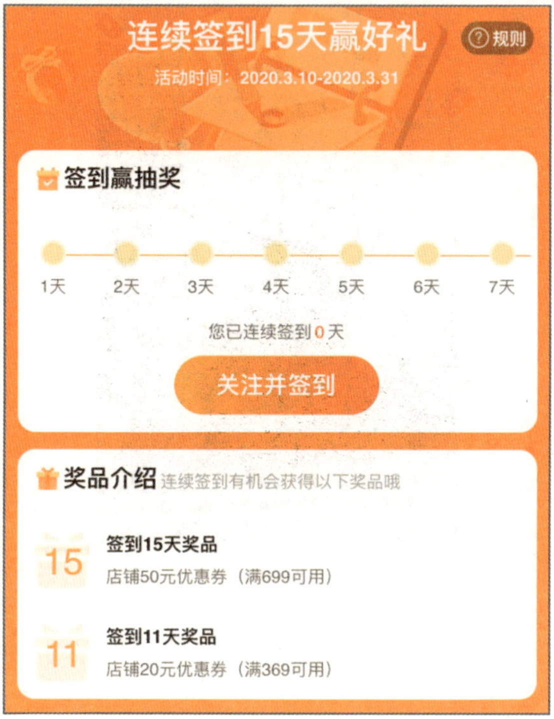

图 6-4

其实，签到玩法在直播间也一样可以进行，既能提高直播间的互动性和黏性，又能促进用户和客服人员之间的有效沟通。具体玩法如下：

- 在直播间设置 3~5 款客单价较高且有品质感的产品链接，设定好库存和运费，只进行展示，不进行销售。
- 用户可以将“手机号后 4 位 + 签到第 *N* 天”发送到直播间公屏上，并截图发送给客服人员备份。时间以 15 天为一个周期（商家也可以根据产品价值和实际需求增加或者减少签到的天数）。
- 优先完成连续 15 天签到者，店铺会在第 15 天按照客服人员备份的签到的时间顺序发放奖励，优先完成签到者具有优先选择权。

- 用户选择自己喜欢的产品拍下，客服人员可以手动改价、修改运费，引导消费者购买，完成一个周期的互动。

这样的玩法在店铺直播运营初期，尤其是在获取浮现权的那一段运营期很有效果，激发了消费者的强烈参与感，以利益点刺激成交。该玩法执行步骤简单、好操作，只要每天都完成签到动作，用户就可以获得丰厚的奖励，从而缓解了日销阶段相对冷清的直播氛围。同时，在直播的互动中，用户在评论中发送签到等信息，也可以吸引更多的消费者参与其中，为直播间沉淀更多的“铁粉”。

3．“奥特莱斯”式抢购

有一次在逛奥特莱斯购物中心时，看到了奥特莱斯的断码清仓活动，即以尺码和品类来分类产品，如图 6-5 所示。在男鞋清仓区，41 码的鞋子整齐地摆满柜台，用户知道自己的码数后，就可以直奔该柜台进行挑选，能够迅速找到自己中意的产品，巧妙地规避了用户喜欢但缺货的遗憾场景。这启发了我，于是在直播间开启了一种新玩法，我将其简称为“奥莱式直播”。

图 6-5

运营人员新建立了链接，将同样尺码、同样类型的产品放在一个链接中，比如S码衬衫单品（体重90~100斤）、M码毛衣单品（体重100~120斤）等。整个直播间，只有十几个链接。

我将同样尺码的产品顺序排放在一起，所以点击进入左下方的购物车，能够清晰地看到以尺码分类的整齐的链接。

用户先选择尺码，再选择类型，减少了在店铺海量货品中挑挑拣拣的时间，加速了用户下单的决策。

“奥特莱斯”专场的核心是为断色、断码的产品提供可选择的平台，同时给到全年最实惠的价格，如果商家需要在季末完成一波清仓秒杀，那么不妨尝试“奥莱式直播”。

除了尺码准绳，商家也可以使用价格准绳来做该场直播的引导，如99元清仓专场、全场货品99元封顶等。价格准绳更适合大部分商家在季末来一场轰轰烈烈的大清仓。

6.2 直播间的栏目化进程

6.2.1 直播栏目化核心是内容服务升级

2019年年底，淘宝小二提出商家直播间的品牌化进程，建议商家在直播运营的过程中打造自己的个性化栏目，而不仅仅是销售导向。今天淘宝直播已经走到了内容服务升级和忠实用户沉淀的重要阶段，这个阶段的背后趋势，不仅仅是每一个品牌的直播品牌化提升，而且也是整个“淘宝直播”品牌的提升。

从前提起“直播”，大家会直观地想到游戏直播、秀场直播，帅哥美女纷纷出镜与粉丝零距离接触。今天提及的“直播”，则是网红带货的代名词，但是大家不要忘记，“直播”的本质依然是带有强烈的“内容服务”特质，且拥有较强的自媒体传播属性，所以“服务”的能力好坏，也与品牌的专业度、全面性和消费者体验感强关联。

从用户角度出发，在品牌如雨后春笋般层出不穷的今天，尤其是国货轰轰烈烈发展的这两年，用户在选择产品时存在不同程度的纠结，在偌大的手淘里，千万款商品着实能让人迷了眼睛。

过去我们拥有微淘、详情页等，它们像一家店铺的“黑板报”一样，有图有文字，推送新产品、爆款产品触达用户。后来短视频时代来临，掀起了短视频带货的风潮，在 30 秒内就可以迅速完成“种草”和下单。

相较于图文和短视频的触达，直播更能够调动消费者参与的积极性，其发出的评论能最快地得到回复，想看的产品能马上出现在面前，直播在“可视化”进程上又向前迈了一大步，解决了产品触达的效率问题。

可是，如果我是用户，我会提出这样的问题：在直播间，除了看产品，我还可以“学习”到什么？直播对我的价值还有哪些？

商家则要思考：如何能更好地满足用户的需求？当其他店铺还没有开通直播时，而你开通了直播，这就是一种差异化，可以为店铺带来不错的流量。但是时至今日，在竞争者纷纷开始摩拳擦掌入局直播时，作为直播内容的主导者，你要依靠什么核心竞争力让用户记住你，在用户想要看直播时选择你的直播间？

我们一直在讨论直播间的流量，其实沉淀流量的关键，就是将每一个用户聚集起来，将水滴聚成沧海，这样才有了带动流量的可能。今天吸引用户，不能仅靠利益点和优惠，因为用户为利益聚集，也可能为利益而被竞品所吸引。

我们需要让直播间不仅仅成为产品的提供方，而且成为精致且有深度的内容提供方。当直播间开始聚焦用户内心真实的期待，给到竞品直播间给不到的满足，并建立起友好且长久的用户关系时，才是直播间流量聚集的解决办法。

本节我们探讨的正是通过直播间的栏目化驱动直播的内容属性，带动“播品牌”的进程，让直播不再只谈卖货，而是满足用户的高阶需求。主播可以成为不同的角色，如“主持人”“产品专家”“客服售后人员”等，完成商家直播间的内容价值进阶的关键一局。

在直播中可以融入相应的栏目来提高店铺直播内容的丰富程度，在固定的时间段，用固定的主播，完成策划好的栏目的内容输出，这能够让用户形成稳定的观看习惯。

如果商家担心在现有的条件下无法完成直播栏目的塑造，则可以在日常的直播中，选择在固定的时间段穿插一些专业化内容，使用户形成观看习惯后，再慢慢提升专业化进程。

6.2.2 干货型直播栏目

干货型直播栏目能够为消费者提供与产品相关且更加具有实用价值的内容。

栏目重点：提升直播间内容的专业化程度，提升直播间意见领袖和专家的人设背书，沉淀更多的专业内容，有助于提升产品在消费者心中的信誉背书。

主播可被定位为意见领袖、行业专家、产品经理、公司领导等，如图 6-6 所示。

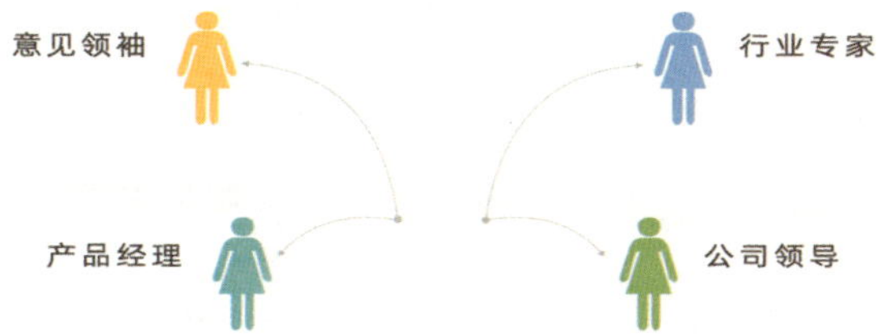

图 6-6

意见领袖人设：通过自己的特长和工作经验，在一类人群中能够形成充分的意见引导作用，为部分消费者提供具有重要参考价值的想法和理念，其身份等同于现在的 KOL。通过在直播间表达自己的立场和给出建议，为消费者选择和购买产品指引方向。

案例

某女装直播间邀请了一位专业做搭配的服装搭配师，与直播间常驻主播进行互动，一人进行试穿，另一人进行讲解，如图 6-7 所示。

图 6-7

服装搭配师对当下流行的元素非常了解，并能够充分延伸到场景中，如“职场穿搭”“约会穿搭”等。服装搭配师在直播间强调了自己的价值观：服装单品也许平平无奇，但是依靠对版型和色彩的理解，让品牌本身普通的单品能够碰撞出更加个性化的演绎风格。

通过一系列讲解，用户惊喜地发现，平常看起来普普通通的衣服，在服装搭配师的指导下，似乎更具特色，产生了整套购买的冲动。

这样的直播专场也可以安排特殊的利益点，比如“购买 3 件单品，可享受 9 折优惠”。在这场直播后，转化率和客单价都有所提升，因为不少用户直接拍下了服装搭配师搭配好的一整套产品，省去了自己挑选和搭配的时间，商家获得了不错的营销效果。

从目前的直播内容呈现来看，与产品相关联的 KOL 都可以成为主播的人设。比如饮料商家选择调酒师作为栏目主播，用产品的调制过程作为内容支撑，丰富了直播中的内容表现力，调制好的饮料漂亮又好喝，也有不错的带货能力。此类案例较多，商家可以考虑选择一位合适的意见领袖来到直播间，完成直播间丰富的内容塑造。

行业专家人设：在行业中具有一定的权威性和从业资格，可以为消费者提供更加专业化和科学的指导意见。这一类栏目主播以真实性为主，不可造假和伪装。

案例

某护肤品品牌的直播间，邀请了一位美肤专家来担任栏目的主播，每周五晚上，为女生答疑解惑，解决其生活中遇到的护肤问题。在直播的过程中，主播穿着白大褂，他的工作核心不仅仅是推荐产品，更重要的是对女生常见的护肤问题进行诊断和指导，如图 6-8 所示。

图 6-8

在介绍一款保湿面膜时，主播是这么说的：不少女生很喜欢把这款保湿面膜当作睡眠面膜来使用，晚上睡觉之前在脸上薄薄地敷一层，早上起床立刻觉得肤色提亮了不少。但我在这里不建议大家这样去使用它，因为皮肤有毛孔，尤其是在晚间睡眠阶段，皮肤也需要“呼吸”，何况枕头上也有很多灰尘、皮屑，敷一整晚反而会影响皮肤的清洁。

当有用户在直播间咨询痘痘的问题时，主播会拿出 iPad，讲解痘痘形成的原因、不同类型痘痘的缓解办法，并提供一些护肤小妙招，搭配店铺中的产品使用，可以达到事半功倍的效果。

专业化的形象、科学的指导方法，建立了用户对直播间的信任感，从服装，到话术，再到诊断的专业性，无时无刻不在透露“我是真正的医生，所以你可以信赖我”的态度。用户养成了定期问诊的习惯，有些用户平日里喜欢在网上搜索解决皮肤问题的办法，如今面前出现了一个真正的医生，如同在线咨询一般，这样的形式受到了不少用户的喜欢。

看到这里，也许不少商家会反馈：我们就是普通的商家，没有什么特别的干货可以提供呀！

其实“三百六十行，行行出状元”，只要对产品是专业的，你就可以成为干货型栏目的主播。这一类人设，我们称为“产品经理”。

案例

某女鞋品牌开播后，定期邀请鞋厂厂长来直播间，讲解鞋子制作的过程，比如鞋子用什么样的鞋楦，这样的鞋楦让女性穿着高跟鞋时不会太累，细致到材料的选择、脚感如何等。厂长专业的表达、朴实的语言、精益求精的态度，让消费者对该鞋厂制作的鞋子质量有了充分的信任，在一定程度上也能够提升直播的转化。

对于以上身份，如果商家都没有合适的人选，那么还有一个终极方案供选择，那就是：让店铺操盘者以店长的身份时常出现在直播间。店长的身份在消费者眼中往往具备一定程度的话语权，让店长来直播间与消费者近距离接触，消费者可以通过店长对产品的介绍和表达，建立起对产品和品牌的信心。虽然隔着屏幕，但是大部分消费者都有敏锐的感知，店长角色的“权威感”会透出屏幕，给消费者以与主播不同的感受。

2019 年，天猫母婴品类的直播间推出了一个新项目，叫作“Boss 打 Call”，就是在黄金时段，邀请品牌的 CEO 来直播间与消费者抽奖互动，在直播的过程中，聊聊品牌发展的历程、品牌理念，让 CEO 来推广产品，为产品站台。这一系列活动获得了很多用户的青睐。虽然没有一个真正具象的“专家形象”，但是在一个店铺中老板就是最专业的形象。

这里建议各位老板多多走进你们的直播间，与消费者近距离接触吧！

6.2.3 娱乐型直播栏目

有一个卖乐器的商家开通了自己的店铺直播，在直播初期，主播在直播间介绍和推荐店铺销售的乐器，并邀请了一位吉他手在直播间调音，演示产品的音色。在直播的第一个月，效果不错；在第二个月，观看量便有所下降。

商家很困惑，从直播的内容和质量上看第二个月和第一个月似乎没有什么特别大的变化，为什么数据不增反降了呢？

我们问了商家一个问题：你的直播内容，是否有让人记住的能力？

商家想了想，觉得一般，与竞品相比，似乎没有特别大的区别。

在这里，提醒商家：

> 很多人不断强调“直播带货”这个营销概念，但实际上，“直播”和“带货”是两个属性的词语，直播是内容承载的一种形式，而带货的核心是以销售为导向的，二者之间并非因果关系，而是并列关系。也就是说，在直播中，把内容做好了更重要，带货则是顺其自然，或者说给“种草”的推动力一个结果而已。

抱怨直播没人看、留不住人的商家，先好好想想，自己的直播内容真的有趣吗？真的能让人看完后立刻关注你的店铺不跑丢，甚至让人对你记忆犹新吗？

当时正值《乐队的夏天》热播，于是我们就为商家设计了一档直播栏目，叫作

《乐队的八点半》。

> **栏目名称：**《乐队的八点半》
> **栏目核心：**使用店铺里的核心爆款乐器，在每天晚上的8:30—11:30，开展小型的乐队演出，请音乐学院的学生兼职，在直播间演奏大家耳熟能详的世界名曲、经典老歌、热门的流行音乐等。
> **栏目重点：**
> 1．以丰富和有趣的内容吸引消费者关注，来了就被音乐迷住。
> 2．每一首歌结束后，主播介绍一样店铺里热销的爆款乐器，并讲解该爆款乐器在刚刚演奏的乐曲中有怎样的重要作用，介绍产品的核心卖点。
> 3．凡在演奏期间下单的用户，均可享20元无门槛优惠券，分享直播间至朋友圈或微博后可领取。
> **互动形式：**用户在直播间评论区刷出自己想听的歌曲，如果该歌曲被选中在次日直播中演奏，则可于次日来到直播间免费拍下小礼物一份。

纵览这个活动策划，你是否发现有许多暗藏玄机的小设计？

首先，内容本身吸引人，借着《乐队的夏天》这个热点吸引用户，即使用户不买乐器，也可以进入直播间听听，放松身心，这样观看量就有了一定的提升。

其次，互动与转化，一个都不差，以点歌模式拉动用户评论，20元无门槛优惠券刺激消费。

最后，带来观看的长尾效应，前一天在评论区点歌的用户，会于次日来到直播间，看看自己点的歌曲是否被选中，如果被选中还有小礼物可以领取。

此外，商家每天无须长时间直播，只要集中精力提升这三个小时的直播效果即可。学生兼职可以在一定程度上降低人力成本，而乐队的演奏形式简单、欢快，带动了直播间热闹的氛围，用户不舍得关掉直播。在乐队休息时，又能介绍产品，将卖点触达消费者，解决了产品“种草”的问题。

看到这里，商家是否会觉得，虽然一个栏目看起来简单，策划好了去执行即可，但是每一个动作、每一个功能、每一个能够给直播间带来充分效益的安排，都不是随心所欲的，而是直击要点、见招拆招的。

那么，如何设计自己直播间的娱乐型栏目呢？这里有三个要点供商家发散思维。

（1）**栏目内容与产品强关联**。比如，乐器和乐队演奏的关联、美妆产品和明星仿妆教学的关联、厨具或调味料产品与美食栏目的关联等。在直播间店铺的产品务必强曝光、强关联。

（2）**栏目内容本身比转化更重要**。在娱乐型直播栏目中，弱化产品的销售属性，强调娱乐属性。栏目内容本身可以给用户带来观看的兴趣，在直播间感受不到太强的带货目的性，直播仅仅是为了满足消费者观看的快乐。

（3）**提升用户的参与感和栏目的可分享价值**。参与感即评论，是指在栏目活动中，让消费者愿意与主播沟通、聊天，或者建立好的激励机制，让用户融入直播氛围中。可分享价值是指让用户对直播内容产生愿意分享给朋友的欲望，再制定一些激励策略，刺激站外引流。

总结一下，娱乐型直播栏目，是直播间娱乐内容的丰富、有趣程度大于营销内容的一类栏目。这是一种另辟蹊径、给消费者建立强烈印象的直播栏目类型。

6.2.4 互动型直播栏目

看到“互动型直播栏目”这个名字，有些商家会有疑问：什么是互动型直播栏目？在前面介绍的几类栏目中互动都很重要，为什么互动型直播栏目可以成为独立的一种栏目类型？

这里给大家解释一下互动型直播栏目的核心要义，这是一种能够实现隔屏互动，以主播与消费者高频互动和长尾互动为主的栏目类型。

比较经典的案例是，健身器械用品商家和健身服装商家频繁使用的健身栏目。

案例

某健身专用服装店铺在直播间开辟了一档直播栏目，让主播在直播间带领用户一起练瑜伽，如图 6-9 所示。

图 6-9

每天消费者点击进入直播间，都有不同的瑜伽教练教学，就如同一个真正的线上瑜伽课堂，带领用户练瑜伽，讲解瑜伽的技巧和吐纳方式。

在直播中，主播较少介绍产品，更多的是消费者进入直播间后，直接把手机放在身边，一边看一边学。

为了让用户更精准，商家可以根据用户的时间来设置栏目。

每天早上直播 2 小时，7:00—9:00，适合早班的白领群体，在上班之前，开始一段早间的运动和锻炼，从热身，到开始练瑜伽，再到最后的拉伸，完成完整 2 小时的运动。用户随时进入直播间，都可以跟上主播的节奏，一招一式，保持良好的状态和呼吸，主播在这个过程中也会科普一些健身常识。

晚上直播 2 小时，7:30—9:30，适合晚餐后想要运动的女性群体，做一些简单易学的强度较高的训练，如高抬腿、波比跳等，满足职场女性的减脂塑形的需求。

每场直播的最后半小时，可以让用户进行提问，主播答疑，比如健身、瘦腰、瘦腿等，让主播给出合理的建议，或者让主播给出健康饮食的建议。

这类直播栏目，重要的是使用户养成长期观看的习惯，而不是一次性看完，就被淹没在海量直播间里。实现消费者的高黏性，是这类直播栏目的重点。

所以在直播间，商家可以开展打卡活动，带动长尾流量。

同样，在这个活动中，也能融入一些小技巧，比如延长观看时间、形成观看习惯、建立完整的奖励机制、巧用群聊实现社群管理等设置。这些设置可以让活动更加丰满、响应度更高、直播效果更好。

栏目名称：《早晚健身 打卡赢礼物》

栏目核心：通过高黏性、高互动的内容，使用户养成长期观看的习惯，通过专业的训练和指导，让用户产生信任感。

栏目重点：

1. 直播间的瑜伽老师和健身教练与用户同屏互动，督促和带领用户养成良好的健身习惯。
2. 注重直播的成效，虽然主播无法看到屏幕另一边的用户，但是在每天的直播中可以要求用户在评论区打卡，证明自己参与到其中。
3. 有反馈、有奖励。商家指定一个客服号，在线答疑用户的健身问题，并且在完成一个周期的运动后，给予有健身成效的用户以奖励。

互动形式：

1. 每天从来到直播间开始，输入“自己的旺旺号 + 运动天数”，截图发送给客服人眼，完成 30 天不间断打卡的用户，享受店铺产品全年 VIP 优惠价。
2. 针对体型较肥胖的用户，可以申请加入店铺里的淘宝群聊，加入群聊的用户，首次下单可领取店铺 10 元无门槛优惠券。

6.2.5 策划优质直播栏目的五个核心点

基于以上栏目案例，想必大家对直播栏目的成型过程已经有了一定的了解。想象一下，如果自己是观看直播的用户，这样的直播内容是否比普通的直播内容更有吸引力呢？

其实，策划一个优质的直播栏目并不难，只需要关注五个核心点，如图 6-10 所示，大部分商家都可以基于当下店铺直播的现状发散思维，创造出更多有趣的直播栏目。

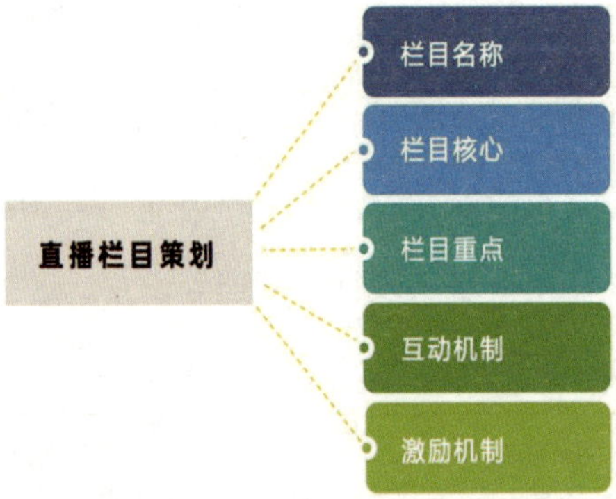

图 6-10

栏目名称：一个简洁明了、让用户一目了然的栏目名称，最好包含时间，具有激励性或趣味性等特点，如《晚间 9:00 聊聊护肤》《夜色撩人，调酒小课堂开讲》等。

栏目核心：运营者必须想明白栏目最终解决了当下店铺运营中的什么问题、对用户有什么价值、给直播效果能带来什么好处。比如粉丝量较少，可以采用引流效果好、趣味性更强的栏目；转化率较低，可以在直播间采用更具“卖场”氛围、加速转化的活动。

栏目重点:层层落地栏目的执行步骤，让每一个细节都清晰明了，不浮于空想，可落地、有反馈。在这个环节，切记不要复杂，在与用户交流的过程中，缩短用户过多反应和思考的链路，一旦用户觉得“复杂”，参与感就会大打折扣。

互动机制：建立快捷、简单的互动形式，或评论，或点赞，操作难度小，频率快，让用户感觉能够打破面前的屏幕与主播在线交流，降低互动的难度和门槛。在直播时，主播可以带动粉丝“在评论里刷个口号”，或者“大家快点赞，点赞到 3000 次我们抽个小礼物”，操作简单，用户参与度较高。

激励机制：一定需要门槛或者控制激励采纳机制。可以设身处地地想一想，当用户参与其中，充满中奖的期待，最后却发现与普通用户得到的奖励没有太大的区别时，用户的积极性就会受到极大的影响。用于激励用户的奖励越大，奖池就要越窄。同时，激励用户筛选的环节一定是公正的、可追溯的，让用户看得见、摸得着。比如对于每一个中奖的用户，都要在微淘等渠道，以文字形式让用户知情，同时吸引新用户的参与。

抓住以上栏目策划的核心点，就能够为店铺创造一个相较于普通直播内容更加吸引人的直播栏目，在这个栏目中，如果能够进一步加深粉丝群聊的私域管理、强化高复购人群的管理、促进直播间与微淘的信息联动和打通、优化主播的直播状态等，就会让直播内容更上一层楼，触达用户的效果更佳。

2020 年是店铺直播逐渐标准化、体系化的一年，随着越来越多的商家加入直播的阵营，不少商家通过模仿和学习已经能够获得基础的直播效果。模板化的直播内容，给商家带来的优势是能够迅速切入直播运营，但是有很大一部分商家沉浸在“速成直播”的状态里，没有很好地去思考直播作为内容营销的一部分的本质与核心。如果同质化的直播间越来越多，已经给部分消费者带来审美疲劳的观看效果，那么着手策划栏目的商家就可以获得先机，从内容的差异化上与竞品商家迅速拉开距离。

同时，我们也要告诉商家，栏目策划固然重要，但是它需要不断迭代、不断尝试创新，这是一个长期的课题，而非一朝一夕设计出来一档不错的节目就可以满足现状的。就像电视栏目，也需要不断地推陈出新，创造新的观看价值，即便是收视长虹、稳固多年的优质综艺栏目，也会因社会发展、用户的喜好而不断更迭节目主题。

栏目化直播是店铺直播形成标准化之后的第二个赛道，在这个赛道里，也极有可能产生不少高转化、高转粉的优质店铺。

毕竟，选择与众不同本身就是一种魅力。

6.3 把主播变 IP——主播人设打造方案

6.3.1 用主播打开 IP 营销思路

在上面的章节中，我们阐述了关于直播间栏目化的栏目类型和孵化路径，在这一系列栏目化的进程中，有一个重要元素是商家不可忽略的，那就是“人”。

如果把直播间当作一个小小的会客厅，两人初次见面，问好，坐定，开始沟通，做出判断：这个人是不是我想要的人。也许两三句话，就可以看出这个人的语言风格、性格特点、价值主张，最终的结果导向是：我是否喜欢这个人，我是否需要与此人继续相处。

映射到直播间中，如果直播间只有一位主播，这位主播传播出的核心形象是怎样的、核心价值观如何，都会影响消费者是否会信任该直播间、是否需要信任该品牌。

如果有多位主播，商家如何规范化和统一不同主播的形象风格，主动定义自己想要的直播间主播的语言风格、沟通风格，最后通过主播这一实体去塑造品牌的核心形象，这是从主播到 IP 的重要路径。今天，在百花齐放的淘宝直播中，我们需要对直播间的 IP 进行升级，加深用户的印象，去抢占消费者脑海中记忆的一席之地。

那么，什么是 IP？

IP，即 Intellectual Property 的缩写，意为知识产权。随着商业的发展，其语义得到衍生，在文化产业中，被理解成在各种形式的文化内容中形成的虚拟形象。它可以是一个卡通形象，比如迪士尼的“米老鼠”；在二次元中出现得更多，比如受到年轻人喜爱的《阴阳师》游戏；在影视剧里也一样，比如《花千骨》一剧大火后，“花千骨”就已然成为一种 IP。

后来，随着 IP 的定义不断被衍生，如今 IP 已经成为品牌的一种人格化象征，各种品牌通过对 IP 的打造，定位 IP 的属性，将品牌的价值观与 IP 有机地结合，让消费者能够更加清晰地理解品牌主张，从而实现对品牌的认同感。

在目前的营销体系中，IP 营销已经成为各路品牌关注的重点，孵化属于自己的 IP，就可以为品牌的话题性和传播性添砖加瓦。

IP 一般具备哪些传播的特点？

- IP 可以是一个实体，也可以是虚拟形象。比如店铺可以选择塑造一个“店铺店长”的形象，如果这个形象丰满并且具有传播力，那么店长本人就是 IP。如果插画师为商家设计了一个萌趣可爱的卡通形象，那么这个卡通形象也是 IP。

- IP 可以是一个人，也可以是一类人。如果一家店铺有很多主播，这些主播形象不同、直播风格不同，消费者很难产生强烈的记忆，这时就可以通过对每位主播的定位打造独立的 IP，比如“小个子女生娜娜”“120 斤的梦梦”等，先从称呼上明确自身的形象定位，再逐步延伸让人物丰满，每个人都可以成为 IP。
- 不论是实体还是虚拟形象、单人还是多人，都需要让用户感受到 IP 是真实存在于店铺中的，而不仅仅是为了直播而创建的。它同时也是店铺的内容传播线索，用户在逛店铺时可以感受到 IP 的存在和可信。

当商家完成了一系列的主播形象定位工作后，在店铺运营过程中让 IP 与内容深度融合，让忠实的消费者了解到店铺 IP 是真实存在的，最终通过 IP 的触达加深直播品牌化的进程，那么 IP 的孵化就是比较成功的。

对于店铺来说，在直播间塑造一个成功的 IP，是有非常多的好处的。

在今天的淘宝直播中，直播间越来越多，直播达人入池越来越多，而能够给消费者留下深刻印象并持久关注的会越来越少。商家可以用 IP 代替品牌与消费者沟通，以一种形象作为介质，让用户建立明确的感知。记住一个店铺的名称难，但是记住 IP 的名字相对简单。

IP 就像直播间定位的一颗钉子，是用来精准锚定消费者的。比如，一家销售大码女装的店铺将主播定位为“大码胖阿姨”，标题命名为“大码胖阿姨的显瘦穿搭”，这会让消费者对店铺直播的内容有直观的了解，而店铺也精准地切入了这一部分女性用户，进而建立起主播与用户之间的共鸣感。如果用户认为自己也是一位“大码胖阿姨”，那么她就会记住你、关注你，甚至成为你的核心用户。

从我们的观察来看，目前成功塑造出自己 IP 形象的商家并不多，一是因为完成基础化运营就需要很多精力，没有考虑到 IP 的重要性；二是因为在主播人员紧缺的运营初期，IP 没有办法得到很好的落地和执行。他人的策略延迟，就是你的最好的契机，不论你的直播间运营进展到怎样的程度，都可以开始思考主播 IP 定位的策划事宜，让直播间内容从试运营阶段就先人一步，抢占 IP 打造的先机，给更多的消费者留下深刻印象，获得他们的青睐。

6.3.2 定位主播 IP 的人设五要素

“人设”这个词对于商家来说应该不陌生，人设即人物设定，主播的 IP 人设，指的是对主播性格中的特点予以强调，让用户脑海中迅速形成一个既定的印象或标签，被打上标签的主播能够更好地加深用户的印象，也能够实现对标用户的转粉。

人设标签看起来可能会单薄一些，比如“窈窕辣妈”“全能硬汉”等，但这类人设背后却连带诸多性格特点。

案例

IP：店铺美妆师大壮

人设：幽默风趣的“东北梗王”

性别：男

身高：175cm

星座：双子座

性格特点：张扬可爱、性格豪爽，在讲解产品时专业且认真。

行为特点：爱吐槽，爱用东北话讲冷笑话，喜欢哈哈大笑，喜欢送忠实粉丝小礼物。

价值观：尊重女性个人选择，强调美妆需要突出个人特色，相信每个女生都能做最好的自己。

语言标签："姐妹要自信！""你们买这个就对了，用着嘎嘎好！"

在这个案例中，店铺美妆师身份强调专业性，"店铺美妆师大壮"名字的设定突出专业领域，并使用有冲突感的名字给消费者留下深刻印象。这里可能有人会有疑问：这个名字听起来更像是一个直播达人，而不是店铺主播。请大家记住一句话：

> 在目前的淘宝直播体系中，商家直播和达人主播基本隶属于一个赛道，在公域板块里露出的机制是差不多的。可见，商家的竞争对手不仅是竞品商家，还有海量的淘宝直播达人。所以，从优秀的直播达人身上学习定位人设，也是一种方法。

性别、身高、星座这几个标签要与店铺打造的主播的一致，可以根据主播的信息来设定，让用户有基本的了解即可。

性格特点、行为特点则是为了通过语言风格和用户互动方式来建立良好的沟通关系，并定位主播个人表现力的基调。

价值观是整个人设定位的核心。在以往的内容营销案例中我们发现，那些传播出某一种"思想价值观"的人更容易被记住，这样的一种"价值观"的传达象征了 IP 的文化底蕴，它可能无形，无法用某种具象的表现来形容，但是它给人的感知是明确的。

在毛戈平的化妆教程中，他说"女人的魅力来自温柔"，所以他画出的妆容都以温柔魅力，凸显中国女性古典美为核心。这就是一种“价值观”的传达，所有内容的表达、产品的讲述都与“价值观”有着密不可分的关系。

案例

曾经有一位女主播在直播间讲述自己的情感故事，过去她一直享受着全职太太的生活，过着闲适安逸的日子，感受不到社会的压力，直到婚姻遇到危机，她放弃了优渥的生活，毅然决然与丈夫离婚，自己创业做主播赚钱抚养孩子。

这种独立的精神就是一种“价值观”，所以她在直播中不断告诉粉丝，“女孩子一定要有一份自己的事业哦”“女生要学会自己赚钱买自己喜欢的东西”，这种独立的心态引起了不少女性的共鸣。

如果要定位一个真正成熟、可信的 IP，价值观是其中最重要的环节。“道不同，不相为谋”，直播间的 IP 之“道”就可以被理解为一种价值观的沉淀。这里也要告诉大家，假的真不了，真的假不了，价值观的源头一定是主播基于自己过往经历和理念的沉淀，而非人为的创造和生搬硬套，它可以不够深刻，但一定要真实。

语言标签则是以主播爱说的几句话为标签，为个人风格建立记忆锚定的办法。这就像我们看广告时记住的广告语“是你的益达”“你没事吧，没事就吃溜溜梅”一样，用户记住以后，只要听到这句话，就会想到主播这个人。语言标签与价值观相呼应，但是它要简单、明确、好记。

我们来回顾一下，一个主播 IP 的人设需要哪些关键要素，如图 6-11 所示。

图 6-11

一个主播 IP 的人设需要五个关键要素：基础信息、性格特点、行为特点、价值观和语言标签。

五个要素缺一不可，商家完成五个要素的设定后，就可以稳定住直播风格，在直播间逐渐沉淀 IP 并孵化成型。

6.3.3 主播 IP 的孵化

在完成了人物定位后，就可以考虑在店铺的多项内容中进行人物的孵化，增加人物在店铺中的曝光量，真实、立体地存在于用户能够触达的地方。

主播 IP 的孵化就如同一个项目逐渐落地和成型，并非一朝一夕可以完成，所以在主播 IP 孵化的环节中有五个重要核心点，如图 6-12 所示，可以加速提升直播孵化的成效，让用户尽快对主播 IP 有所认知。

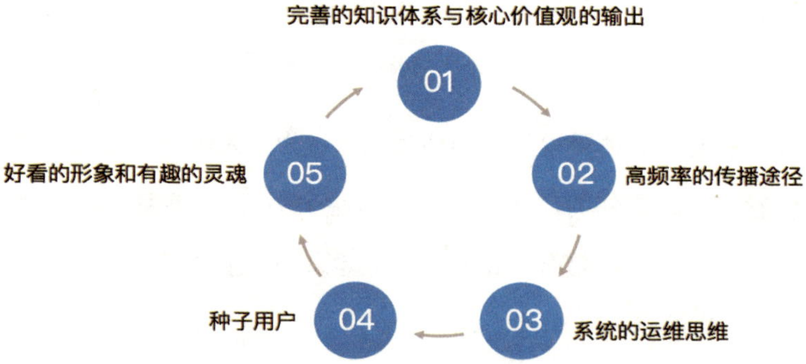

图 6-12

(1) 完善的知识体系与核心价值观的输出。在孵化过程中，能够为用户提供价值是直播人物孵化中最为重要的一项。这里的核心价值分为两点：第一点是主播的知识体系，作为主播 IP 必须要对店铺里的所有产品及其相关知识体系有所了解，比如直播女装的主播必须要了解面料和版型，直播美妆的主播必须要懂产品成分和过敏人群等相关信息；第二点是核心价值观的输出，让用户能够更加了解主播的个性和观点，并通过价值观的输出让用户喜欢你。这个内容我们在前面的章节中详细讲解过，在此不做赘述。

（2）高频率的传播途径。在 IP 触达用户的过程中，触达的频率也很重要，IP 出现的次数越多，用户加深记忆的可能性就越大。这里建议商家，作为 IP 的主播本人应尽可能多地参与到店铺的运营进程当中，比如参加选品会、参加公司战略会等，深度了解店铺的运营情况，并在参与的过程中做好图片或者视频的留存，适度发布在微淘等渠道中，作为 IP 孵化的素材之一。

（3）系统的运维思维。实际上，让 IP 与店铺货品和活动策划建立起深度的关联，店铺爆款可以成为 IP 推荐款，店铺活动可以以 IP 的名义发起并主导。比如在直播间可以设置“店长福利周，全店产品立减十元”“搭配师大促周，直播间产品满 199 减 20”等。通过这样的形式，在直播间营造如“网红购物节”一般的氛围，在直播间用活动自运营来聚焦流量，带来直播成交的高峰。现在大部分消费者都把直播看作一个可以获取更多优惠的渠道，直播间的优惠对用户转化率的影响较大，有些直播间在设定了一定程度的优惠后，直播转化率可以是店铺转化率的 2~3 倍。

（4）种子用户。种子用户的积累在前期孵化主播 IP 时非常重要，其沉淀对直播互动量的影响非常大，商家可以先在店铺运营过程中找到忠实的老客户，采用给予优惠福利的方式吸引对方来直播间，比如连续打卡 10 天赠送礼品，将第一拨用户稳定在直播间，避免了开播没人看的尴尬场景。

（5）好看的形象和有趣的灵魂。直播间是一个注重视觉传达的营销场景，在塑造 IP 的过程当中，作为 IP 的主播要让自己在镜头前的形象整洁、好看。有趣的灵魂则指与消费者有共同语言，有可以持续沟通下去的话题。主播要思考用户关注什么、喜欢什么，有意识地来提升自己的语言表达能力，让用户与自己沟通时有愉悦轻松的感觉。

总结一下，关于主播 IP 的孵化是一个较长期的过程，是利用 IP 来沉淀自己的忠实用户和提高转化率的过程。如果主播非自己店铺的员工，则建议商家与该主播签订长期的合作合同，避免主播 IP 孵化完成后，出现主播离职等情况。

此外，商家也可以规避 IP 与个人之间的深度关联，比如原本孵化的 IP 名为“某店铺化妆师大壮”，可以改为“某店铺专业化妆师团队”，从定位上以团队 IP 来代替个人 IP。

6.3.4 主播 IP 的触达矩阵

主播 IP 的孵化是一个过程，但主播 IP 的触达却是一个可以立刻执行的内容，我们的核心目的是以人物 IP 的形式加深用户对店铺的印象，所以可以让 IP 高频出现在店铺的各种承载内容的渠道中。如图 6-13 所示，这是几种常见的适合主播 IP 触达的内容渠道。

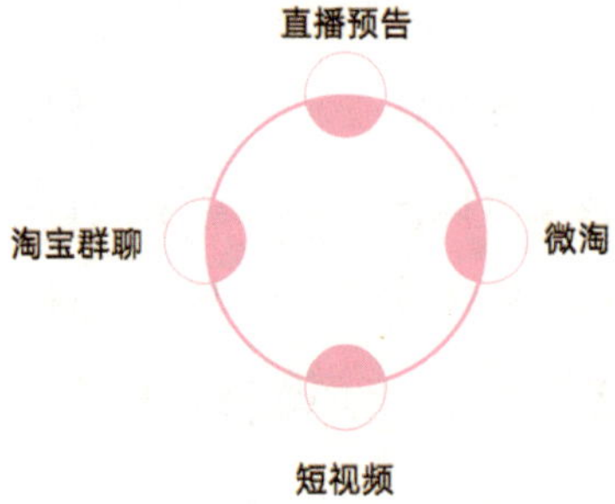

图 6-13

1. 直播预告

在直播中，可以策划以 IP 为主导的优惠活动专场，并在直播间提前对活动进行预热宣传，在页面上方以贴片形式进行预告，让消费者对即将开展的活动和利益点有所了解，如图 6-14 所示。

图 6-14

2. 微淘

在微淘里记录主播 IP 的选款等日常工作内容，也可以提前发布直播间的活动为直播引流，话题可以是 # 某 IP 推荐款 #、# 某 IP 的选款日常 # 等，如图 6-15 所示，引导用户知悉店铺里 IP 的真实性，提高评论触达的效率。

图 6-15

3．短视频

通过记录 IP 的日常工作，积累一部分短视频素材，剪辑成小故事发布在微淘中，内容轻松、活泼、有趣，每个短视频讲明白一个知识点，更能吸引用户的关注。如图 6-16 所示，就是我在做“店长”IP 时录制的短视频截图。

图 6-16

4．淘宝群聊

针对加入淘宝群聊的老客户和会员，可以不定时发布一些活动优惠信息，在群聊里以 IP 身份出现，与消费者进行互动或者发放优惠券等，加深与用户之间的情感关联。

此外，IP 孵化路径不仅仅局限于淘宝 App 内部，也可以从站外引流，比如抖音、微博、小红书等渠道，只要最后将流量引流到直播间，就可以对直播的销售和转化有所影响。

7

第 7 章

备战大促——直播团队高效运营法则

7.1 大促周期的直播运营工作

当商家直播运营逐渐走入正轨后，直播团队的操盘能力需要不断得到提升。不论是操盘手、运营专员还是主播或幕后人员，每个角色在运营环节中都不可或缺，在直播的前期、中期、后期都需要做好充足的内容准备工作。

通过较长的发展沉淀期之后，最好的练兵场就是各阶段的大促活动，在这一过程中需要调动公司的资源，以及输出团队的完整策划方案，将每一场直播都尽善尽美地完成。

我们常对运营人员说的一句话是：只有经历过S级大促的直播运营人员，才是一个合格的运营者。在淘宝S级大促的运营过程中，直播已然成为商家的重点工作项目之一，因为直播玩法更新、更灵活，对运营团队的策划和执行力要求更高。

很多商家选择在“6·18”大促到“双11”大促期间迅速提升店铺直播的运营能力，着实这较长的修整期适合用来改善直播内容，逐步培养出更加优秀，能够独当一面的直播团队。

“双11”是每一个商家的核心战场，攻占“双11”大促是每一个商家奋斗全年的重要战役。“双11”销售额好坏，决定了全年的销售成败，商家投入的精力和心血，在“双11”大促的全周期中将会得到相应的回报。所以每逢“双11”，商家都保持着高度的警觉状态，时刻待命在电脑前，对运营环节中的每一个动作都严谨至极。

在过往的“双11”大促直播工作中，作为操盘手，我们深刻体会到工作节奏之紧张、强度之大。作为直播运营人员，每天保持着12小时以上的工作时长，在每一个重点时段，甚至达到18小时以上的在线状态。每一位主播和幕后人员都随时待命，工作强度可见一斑。

在本章中，我们就以淘宝“双 11”大促中的运营节奏为例，打通直播运营的关键环节，让商家更加明确直播前期、中期、后期的各项工作，让店铺直播落地更加有执行力，为大促创造更好的销售结果。

7.1.1 大促周期——备货测款期

根据往期大促的经验来讲，“6・18”和“双 11”大促总体分成三个阶段，整个周期长达二十天左右，通过周期内不同的玩法，循序渐进，将“双 11”的销售额推向顶峰。“双 11”大促的全周期可分为四个阶段，我们分别将其定义为：备货测款期、拉新留存期、预售爆发期和售后维护期，如图 7-1 所示。

图 7-1

在大部分用户的理解中，“双 11”仅仅是 11 月 11 日前后几天的冲刺，但是对于商家来说，这是一个更漫长的持久战，对“双 11”直播的准备工作最早可以追溯到 8 月底，在这一阶段中，商家需要通过充分的目标核定来备货，深入供应链端口做好货品储备，并且通过直播完成新品的测试工作。

从店铺直播的发展来看，2020 年注定成为店铺直播的重要节点。在内容营销体系中，直播越来越重要，它不仅是内容营销的核心，而且也是一个店铺的销售主力军。

越来越多的商家将直播定义为测款的重要渠道，通过直播中的用户反馈信息、产品数据沉淀测出新品的销售潜力，从而完成备货量的预估。因为店铺直播会给店铺销售额带来充分的增量，这一增量或有可能成为商家制定异于往年目标的重要数据之一。

在这一阶段中，我们可以将 9 月 9 日的“99”大促作为一个重要节点。在“99”大促中，商家可以以测款和拉新为目的，为“双 11”大促做好铺垫。在这一阶段中表现突出的新品，有机会成为“双 11”大促中的爆款产品。从“99”大促开始，商家应该重点关注直播中的两项数据指标，即直播时长和粉丝增量。

直播时长一直是直播间权重的重要指标，对“双 11”期间直播的展现量有一定的影响。

从“99”大促开始，商家可以逐步增加直播时长，提升直播的曝光量，促进潜在用户的触达，在足够长的时间里做好拉新维护工作，所有的内容都指向同一个信号：我们正在为“双 11”做准备，请粉丝们快一点关注我们！

商家可以将本来集中于热门时间段的直播拉长到日均 8 小时以上，甚至更久的常态化直播，进一步覆盖冷门时间段，迅速提升店铺直播的存在感，使用户养成进店必看直播的习惯。

要想延长直播时间，必须做好主播人员的储备工作。如果没有足够的时间完成人员招募，商家可以从自有员工中寻找适合主播的人选。过去我们在店铺直播运营中，为了保证直播的运营效果，主播排班必须要提前一周完成，不论是对于专职主播还是自有员工兼职主播，都必须建立好相应的工作条例和准则，避免主播因个人事务影响无法直播，造成直播间“开天窗”。

为什么“99”大促如此重要？

因为通过数据反馈我们可以发现，如果用户在“99”大促中购买了该店铺的产品，那么经过近两个月的冷却期后，其有很大的概率会在“双 11”大促中返场复购。

在“99”大促期间，商家可以将店铺产品依次上架至直播间，通过直播间数据的展现和用户的反馈，评测出产品在“双 11”大促期间的转化势能，定义出“双 11”的销售主力款，围绕该款创作站内外的引流内容，如短视频、微淘等，同时，产品的公域投放也将会围绕着该款而展开。

监测销售数据也可以让商家估算出该款在“双 11”的备货量，严格把控库存，不让任何一个产品带来库存风险。

7.1.2 大促周期——拉新留存期

9 月是收获的季节，也是商家开始吹奏起“集结号”的季节。从 9 月到 10 月，直到“双 11”预售期之前，店铺所有自有的资源位，如首页轮播图、主图、详情页等，都可以开始筹备为直播间做强效引流。

店铺会员体系开始为拉新发力，可以提高店铺为新用户准备的福利，也可以加大裂变券的优惠力度，让用户更快速地成为店铺的粉丝或会员体系中的一员，建立起与用户的亲密关系，才能够更好地触发用户的节日促销心智。

为了让用户在“双 11”阶段成为回头客，在“99”大促中，直播间可以通过发放“双 11”相关优惠券带来用户的回流。比如消费满 500 元，可领取 50 元“双 11”专享优惠券，仅限在“双 11”大促期间使用，以优惠利益点吸引用户返场复购。

在这一阶段中，用户的潜在消费欲会提升，经历蓄水期的用户，对产品“种草”的需求更强。于是，站内外产品的“种草”是团队需要着重考虑的，不论是小红书平台的达人“种草”，还是抖音和快手渠道的信息流广告或达人短视频投放，都会激活用户的加购欲望，非刚需产品或者用户不急于购买的单品，有机会进入用户的购物车中，为“双 11”的转化预热。

商家需要关注产品加购率，这有助于及时进行翻单补货，避免在“双 11”热销期间出现严重的断货情况，影响销售转化。

9 月，店铺产品基本可以形成健康的梯队，价格段分布合理，货品品类丰富，与产品相关的如短视频、微淘、买家秀等内容筹备齐全。在 9 月前后可以做到爆款单品对站内外内容的全覆盖，为确定性爆发做准备。

最后，在这一阶段中，商家参与直播排位赛的机会会增多。在店铺直播的过程中，需要丰富自运营活动策划，定期邀请 Boss 来到直播间进行直播，带动用户参与到直播中来，加强排位赛的冲榜成绩的提升，不论是小时榜单还是全天的总榜单，如果能够占据一席之地，便可为拉新截留带来一定的帮助。

7.1.3 大促周期——预售爆发期

预售是“双 11”大促的“先锋军”，在预售环节中，消费者通过支付订金的形式，预定自己想要购买的产品。虽然 10 月底就开启的预售期给消费者一种等待时间太长的感觉，但是只要商家明确“早买早优惠，早买不断货”的用户心智，就能够为“双 11”大促做好前瞻探路的工作。

进入预售期，引导消费者拍下订金是主播的核心工作，商家可以利用直播间的强效引导力和转化力，针对一些主推爆款产品，设计“订金减免”或“减半”的利益点来打动消费者。部分商家在预售期做出承诺，所有预售订单在支付尾款后“早买早发货”，这一服务也能够为消费者带来更好的购物体验。

按照往年“双 11”的预售节奏，10 月 21 日为预售开启日，所以 10 月 20 日当天的直播时间需要延长，横跨零点，让用户有充足的时间考虑拍下哪些爆款的预售订金，尤其是 10 月 21 日预售开始的前两小时，被商家称为“黄金两小时”的关键时段，这一时段的预售能够影响产品权重，可适当偏重“免订金”的利益点，带来强转化。

在预售环节，如果设置了赠品，则赠品可以选择成本较低的礼品，但是数量要足够多，覆盖面要足够广，给用户带来普适性的优惠力度。如果礼品数量过少，用户会直观感受到获赠无望，从而放弃拍单。

这里重点提醒商家，主播是传达优惠和利益点的核心人物，且因为信息传达的即时性，所以在直播过程中关于利益点和产品价格的传达不可以出现重大失误。主播与运营人员需要每天沟通一次，保持信息的畅通，对“双 11”全阶段的利益点和营销玩法了如指掌。

直播负责人可以在直播间准备好产品列表和营销玩法说明，以便在直播过程中迅速查询，为消费者提供更直接、更简单的拍单引导。

7.1.4 大促周期——售后维护期

对于商家来说，全年最忙碌的一天就是 11 月 11 日当天了，从零点开始支付尾款，就可能发生各种突发状况，比如用户因网络和系统问题无法结算尾款、因领券误差导致实际拍下的价格与页面标注价格不一致等问题。因为直播间承载着一定的服务职能，届时会有大量消费者进入直播间反映售后问题，这是正常的。

迎战“双 11”需要提前准备好售后话术，召集主播与客服团队开会沟通，统一话术，避免因规则理解不明确而导致话术差异。

售后客服人员需要总结过往大促中遇到的售后问题并反馈给主播，尤其是首次迎战“双 11”的新主播，面对大量用户进入直播间集中反馈问题，可能会出现话术表达不精准、客诉问题解释不周全等情况，商家需要将有可能产生的问题，如“产品拍下后价格与页面引导价格不一致”“如何修改订单地址”“如何退款”等，在直播间以公告形式或者自备直播间提词板，提前准备好进行展示，应对用户的重复提问，安抚用户的焦急情绪。

因为镜头前的主播是看不到用户订单的，但凡涉及主播无法解决的订单问题，主播都要引导消费者与客服人员进行直接沟通，直接查看订单解决问题。

在高强度工作下，主播的体力和耐力都将受到极大的考验，所以我们建议在“双 11”期间，尤其是 11 月 11 日当天，主播轮岗的频率可适当加快，如每隔 1~2 小时就更换一位主播，让每一位主播都能以充沛的精力来面对大流量的涌入。

在 11 月 12 日的零点钟声敲响之时，代表一年一度的“双 11”大促结束。但是对于商家来说，“双 11”大促的结束并不代表着繁忙工作的落幕，而是新一轮售后工作的开始。

在 11 月 11 日之后，会进入长达一个月的服务周期，退货退款和物流问题会在此阶段集中爆发，主播也会跟随节奏承担更多的售后职能。

对于主播来说，这是对耐力的考验。在直播过程中，如果遇到消费者的负面评论，主播需要稳定直播状态，用解决问题的心态和平和的直播状态面对用户，切不可在直播间产生抱怨和焦躁情绪，影响直播状态和用户体验。

有些主播在遇到类似问题时，选择逃避用户的评论，使用禁言功能来对待消费者的投诉。针对这一点，我们建议主播保持冷静，尽可能答疑解惑，只要不是违反淘宝直播规则的言论或者影响直播间氛围的过激言论，主播都需要给予更多的耐心协助解决，也可以引导用户直接联系直播间专属客服人员，避免因评论不佳而影响直播间氛围。面对问题就是最好的解决之道。

7.2 像电视购物一样做大促直播

很多人戏称电视购物为今天电商直播的鼻祖，的确，从节目强带货属性和高效的转化力来说，二者确实有一定的相似性。

追溯我的直播操盘经验，正是源自我对电视购物节目流程的了解。

因为我曾有幸担任过一档知名的电视购物节目的策划，在节目中以“厂家代表”的身份全程跟进节目的选品、策划、节奏把控等工作，在这个阶段的工作中，我深深体会到了高效能带货的真正含义。

电视购物频道的主播拥有自己的核心定位和职责范畴，在短短的半小时之内，用优质的产品话术、有节奏感的环节推进和强转化势能的利益点触达，精准捕捉用户的消费心理，让用户迅速进行电话下单，带动产品的销售额飞速攀升。

最重要的是，前台主播和后场幕后人员能够保持信息的一致性，通过佩戴的对讲机，幕后人员会告知主播此时的销售进展，引导主播推进直播节奏，形成“零时差”的工作配合。

不得不说，电视购物环节中的“人、货、场”匹配，像极了“双 11”大促阶段的工作节奏，我常对运营团队说，学会像做电视购物一样做大促直播，会带给店铺意想不到的惊喜。

7.2.1 直播间大促氛围营造

在电视购物节目中，营造氛围是很重要的。比如，在销售某品牌羊蝎子产品时，在直播间会提前摆放好桌椅板凳、火锅和多种菜肴，塑造家庭聚餐的氛围。

主播的身份安排也能够契合当下氛围，由年纪较大的主持人担当父母角色，年轻的主播充当儿女角色，边吃边带货，观众在观看的过程中，能够唤醒与家人一起其乐融融共进晚餐的温馨画面，促使消费者订购产品，实现转化。

在协助商家做直播孵化的过程中，为了满足不同的氛围需求，我们建议商家在同一个直播间设置两个场景，比如：一面墙壁可以成为日销环节中的主要背景，以浅色调为主，给消费者带来舒适轻松的视觉感受；另一面墙壁则可以以大促氛围营造为核心，设置红色的 Logo 背景墙，让用户进入直播间的第一秒，就直观地感受到与往常不同的直播氛围。

从预售开始，商家就可以进行直播背景的更替，从日销背景过渡到大促期背景，同时辅以其他软装，比如定制淘宝“双 11”Logo 灯牌和气球、彩带等装饰，给用户带来不同的视觉感受。如果商家没有及时准备，则可通过在直播间放置 PNG 格式的氛围贴图，让用户在观看时有明确的差异化感知。

同时，对主播的服装也可以进行统一的变换，从日常直播穿着的服装，变换为穿着统一定制的带有店铺 Logo 和“双 11”Logo 的广告衫，从主播的穿着上带给消费者更加强烈的大促氛围。

在过往的直播中，我们会给主播定制萌趣可爱的“双 11”头箍，如图 7-2 所示，让主播变成移动的“广告位”，增添直播的趣味性。

图 7-2

每年的“双 11”，商家都会筹备专属礼品，比如预售赠品、满额赠品和店铺成交量 TOP 用户的大额赠品等，商家可以在直播间将所有的赠品摆台展示，以丰富的礼品刺激用户转化，如图 7-3 所示。同时，在直播间可以放置一块小白板，方便实时更新主播需要传达的重要信息，如销售额 TOP 榜单迭代、直播间新玩法更迭等，保持信息的高效触达，降低解释成本。

图 7-3

营造直播间氛围的目的是为了构建消费者的想象力和敏锐的优惠感知。氛围的触达也不仅仅限于“双 11”大促阶段，在圣诞节、年货节等不同的淘宝大促节奏中，也能够被商家合理利用，给消费者带来不一样的消费感受。

或过慢，其可以从旁提醒，为主角主播提供实时帮助。

就如同曾经李佳琦直播间的“小助理付鹏”和薇娅直播间的“琦儿”，主角主播和副手主播之间的互动感也能够让消费者耳目一新。主角主播风格直接、明确，副手主播温柔、可爱，两人之间可以缔造一种默契的互动磁场，二人相互沟通，友爱互怼，也能够给消费者带来一种幽默有趣的观看感受，让人在紧张的带货节奏中得到些许的放松。

我们建议副手主播弱化语速和输出的强度，让用户感受一种张弛有度的直播节奏，不必一直保持在快速紧张的情绪里，偶尔放缓节奏能够更好地给消费者时间做出适合自己的选择。

有时候遇到大促直播，两位主播因情绪饱满，而进入一种“演戏”的状态，为了表达产品价格的实惠，表现过于夸张。

其实在二人的配合中，我们不建议“演出感”太重，比如明知道某款产品的价格，却假装不知道，明知故问，表现出惊讶和兴奋。这对消费者来说，带有一丝不真实，像有特定的脚本一般，会降低内容传达的效果。

主播在讲解优惠策略时，可大大方方与日常价格做比对，介绍到位即可，过分夸张的表现，不适合在电商直播中频繁使用，毕竟店铺主播们代表着品牌形象，真实且真诚就好。

7.2.3 从社群运营到店铺私域直播

从 2018 年开始，商家重点关注店铺的私域流量，随着店铺流量竞争难度的增加，私域粉丝数量成为商家软实力的一部分。这里我们强调的私域粉丝，非店铺粉丝和会员体系中沉淀的用户，而是指淘宝群聊或商家自建社群中的用户。这一部分用户黏性大、忠诚度高，一次转粉会带来多次转化，这样的私域成为商家备战旺季的“秘密武器”。

曾有一个酒品店铺的商家告诉我，他用了半年的时间，积累了近百个百人社群，每个社群以城市为标签将粉丝聚集在一起，社群里有群主（一般为店铺自己的客服人员或者忠实的老客户），也有负责促进社群活跃度和推广活动带动气氛的“专职粉丝”。在社群内，大家可以讨论产品、交流品酒体验、“种草”新品等，并会定期发布新品试饮秒杀活动，邀请粉丝分享品鉴报告，协助运营人员撰写相关产品的推广文案等。

社群活跃度非常高，有的社群已经可以自主举行线下沙龙，由商家提供产品，社群里的粉丝如网友见面一般，不仅线上沟通有无，线下也成为朋友。

因为有的社群运营状况很好，群主便成为可以自主直播的 KOL 角色，在社群中进行直播，推荐店铺新产品，设定私域粉丝专享福利价。直播链接被发布至所有的社群，每一次直播的观看量都在 3000 人次左右，单场直播转化率最高可达 7%。

从这个案例中我们可以看出，其实只要有粉丝聚集，就能实现店铺的直播带货。不论是在淘宝直播站内，还是在店铺自运营的私域中，通过有趣的内容和实惠的价格，就能够吸引消费者高频转化，成为品牌销量的重要增量。

比起粉丝的数量，粉丝的“质量”更重要。商家在进行私域运维、孵化私域直播时，首先需要定义“谁才是我的核心用户”——核心用户一定是店铺的多次复购用户，他们喜欢店铺的产品，认可店铺的经营理念，对店铺有依赖感。这才是建立粉丝黏性的核心要素。

所以，这一定不是一个大而全的群体，而是更加小众的精华社群。

这位成功孵化私域直播的商家曾告诉我，每个社群的人数都不要超过 100 人，人数多了，彼此也就陌生了，宁可再开一个新群，也不要让太多的人拥挤在一个大群里，造成信息冗杂，用户的体验感不佳。

私域直播的启动需要依靠店铺强有力的粉丝运营能力，非一朝一夕就能够完成的，促成这一项目需要严谨的私域运营方案和丰富有趣的内容承载。但我们可以大胆地断言，在下一个店铺直播的风口，必定有店铺私域直播的一席之地，以高黏度、高垂直度的运营思路，瞄准小众群体，聚集星星之火，形成销售额的燎原之势。

8

第 8 章

数据“源动力”推动直播优化

8.1 从淘宝直播的权重说起

经营淘宝平台的商家一定对“权重”二字不陌生，权重是官方平台对商家店铺和产品的各项综合数据指标做出的统一判定标准。权重高，则意味着店铺运营效果良好；权重低，则会影响店铺的排名和曝光。

虽然权重算法无法直接关联店铺的各项排名，但是对排名却有着重要的影响。

权重之于淘宝直播，也非常重要，和店铺运营的各项权重一样，在淘宝直播中权重也能够对直播间的各项表现有一定的作用。在讨论直播的各项数据之前，我们先来了解到底哪些数据在影响着直播权重。

总体来说，在淘宝直播中权重分为两类，即静态权重和动态权重。

8.1.1 静态权重

静态权重，主要指直播间的封面与标题、直播标签、开播时间和地点、开播预告设置、开播时长等。这些数据在商家开播准备期基本已经确定，所以被称为“静态权重”，因为它相对稳定，不会因直播中的各项表现而产生浮动。

静态权重的项目如图 8-1 所示。

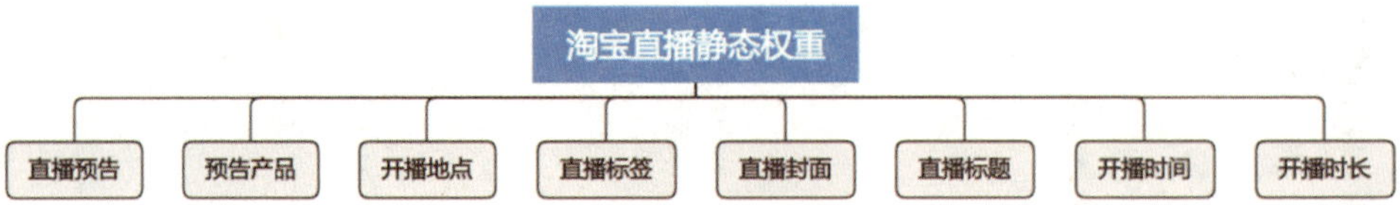

图 8-1

我们着重讲一讲“直播标签”。

直播标签是指对商家直播间即将直播的内容打一个匹配契合的标签，便于平台将本场直播的内容归类，推送到前台相应的频道栏目中，商家可以获取准确的用户人群，满足受众的需求如图 8-2 所示。

图 8-2

平台通过标签将优质的直播内容推送至公域展现，该直播间也就有机会获取更多的公域流量。直播标签与直播间的产品直接关联，比如选择穿搭标签（服饰穿搭类直播内容）、美食标签（食品类目直播内容）等，每场直播有且只有一个标签，商家只要选择匹配自己内容的标签即可。这直接影响直播间人群的准确性，人群越准确，公域展现的效果越好。

8.1.2 动态权重

相较于静态权重，淘宝直播的动态权重则更加灵活多变。

动态权重的项目如图 8-3 所示。在直播过程中，动态权重会因实时表现而产生浮动，尤其是访客停留时长、同时在线人数等数据都处于不断变化中。动态权重越高，相应的公域展现就会越好，对于拉新曝光有很大的帮助。这些数据是运营人员需要时刻关注，并且在直播间通过各项活动策划来逐步提升的。

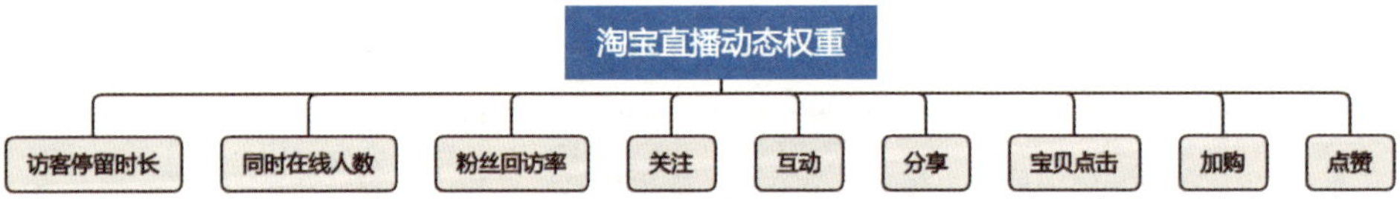

图 8-3

广义上，我们理解的直播数据指的就是以上两类权重，在二者的相互作用下，推动商家的直播间获取更多的公域流量。但从商家的自运营结果来说，权重仅代表公域曝光的准绳，不一定代表直播间有足够的“带货力”，要想判断自运营结果的好坏，还需要更多的数据支撑，综合多项数据进行评测，才足以说明运营成效问题，所以商家的数据复盘能力就显得格外重要。

过去，我们在接触商家的过程中，发现商家对各项数据的了解还不够。有些商家的直播团队人数少，在完成一天的直播工作后，竟然没有一个负责人去做数据复盘和汇报，导致虽然店铺日常开播稳定，但是却始终无法进步，无法带来更好的销售结果。

接下来，我们为商家提供一些直播数据复盘的方式方法。

目前淘宝直播数据多、来源端口复杂，因此需要一定的“搜索寻找”能力。有些数据因为每个端口的判断标准不同也有一些差异，比如从生意参谋—内容端口查看的直播销售额，与从生意参谋—流量端口查看的直播销售额就有所不同，二者之间并没有谁更准确的说法，只因渠道算法不同，所以会产生微小的差距，商家不必太过于执着，只需要以单一渠道作为数据判断标准即可。

最后，在淘宝直播中，有时候仅凭借一两项数据是无法推演出直播真实效果的，数据和数据之间需要“合纵连横”，有些数据也并非直播平台的直观展现，还需要通过一定的公式计算得出，所以“数学计算”能力也很重要。商家需要结合多项数据一起评测，才能够找到解决问题的关键。

在日常直播间的数据管理中，我们提倡商家使用“四表评定法”，即使用四张表格运营管理直播间，根据这四张表格进行日报、周报、月报以及销售结果的复盘。

8.2 店铺直播数据复盘的“四表评定法”

“四表评定法”是我们在为商家做直播孵化时总结出的一套方法。

这四张表格分别是：直播运营数据表（见图 8-4）、竞店对比数据表（见图 8-5）、时段运营数据表（见图 8-6）和货品运营数据表（见图 8-7）。

每一张表格所承载的核心数据都有所不同，但是它们都可以对应输出商家所需要的核心结果。可以说，商家只要掌握了复盘这四张表格的方法，就可以实时触摸店铺直播运营的“脉搏”。

要想找到淘宝直播的各项数据，建议商家先下载一个数据辅助工具——**阿明工具**。这是一款常用的数据插件，是生意参谋的辅助工具。使用这个工具后，可以将生意参谋中的指数数据直接转换成成交量、转化率等数据，方便运营人员更加直观地了解数据。

表1：直播运营数据表													
日期	店铺名	项目	店铺销售额	直播销售额	店铺转化率	直播转化率	直播渗透率	店铺访问人数	直播访问人数	直播访客占比	直播支付人数	直播客单价	直播UV价值
		抓取路径	生意参谋—竞争—竞店分析—关键指标对比（需要下载阿明工具）	生意参谋—竞争—竞店分析—入店来源（需要下载阿明工具）	生意参谋—竞争—竞店分析—关键指标对比（需要下载阿明工具）	生意参谋—竞争—竞店分析—入店来源（需要下载阿明工具）	直播销售额/店铺销售额×100%	生意参谋—竞争—竞店分析—关键指标对比（需要下载阿明工具）	生意参谋—竞争—竞店分析—入店来源（需要下载阿明工具）	直播访问人数/店铺访问人数×100%	生意参谋—竞争—竞店分析—入店来源（需要下载阿明工具）	生意参谋—竞争—竞店分析—入店来源（需要下载阿明工具）	生意参谋—竞争—竞店分析—入店来源（需要下载阿明工具）

图 8-4

表2：竞店对比数据表														
日期	店铺名	项目	店铺销售额	直播销售额	店铺转化率	直播转化率	直播渗透率	店铺访问人数	直播访问人数	直播访客占比	直播支付人数	直播客单价	直播UV价值	店铺营销玩法
	店铺A	抓取路径	生意参谋—竞争—竞店分析—关键指标对比（需要下载阿明工具）	生意参谋—竞争—竞店分析—入店来源（需要下载阿明工具）	生意参谋—竞争—竞店分析—关键指标对比（需要下载阿明工具）	生意参谋—竞争—竞店分析—入店来源（需要下载阿明工具）	直播销售额/店铺销售额×100%	生意参谋—竞争—竞店分析—关键指标对比（需要下载阿明工具）	生意参谋—竞争—竞店分析—入店来源（需要下载阿明工具）	直播访问人数/店铺访问人数×100%	生意参谋—竞争—竞店分析—入店来源（需要下载阿明工具）	生意参谋—竞争—竞店分析—入店来源（需要下载阿明工具）	生意参谋—竞争—竞店分析—入店来源（需要下载阿明工具）	秒杀 优惠券 点赞券 …
	店铺B	抓取路径	生意参谋—竞争—竞店分析—关键指标对比（需要下载阿明工具）	生意参谋—竞争—竞店分析—入店来源（需要下载阿明工具）	生意参谋—竞争—竞店分析—关键指标对比（需要下载阿明工具）	生意参谋—竞争—竞店分析—入店来源（需要下载阿明工具）	直播销售额/店铺销售额×100%	生意参谋—竞争—竞店分析—关键指标对比（需要下载阿明工具）	生意参谋—竞争—竞店分析—入店来源（需要下载阿明工具）	直播访问人数/店铺访问人数×100%	生意参谋—竞争—竞店分析—入店来源（需要下载阿明工具）	生意参谋—竞争—竞店分析—入店来源（需要下载阿明工具）	生意参谋—竞争—竞店分析—入店来源（需要下载阿明工具）	秒杀 优惠券 点赞券 …
	店铺C	抓取路径	生意参谋—竞争—竞店分析—关键指标对比（需要下载阿明工具）	生意参谋—竞争—竞店分析—入店来源（需要下载阿明工具）	生意参谋—竞争—竞店分析—关键指标对比（需要下载阿明工具）	生意参谋—竞争—竞店分析—入店来源（需要下载阿明工具）	直播销售额/店铺销售额×100%	生意参谋—竞争—竞店分析—关键指标对比（需要下载阿明工具）	生意参谋—竞争—竞店分析—入店来源（需要下载阿明工具）	直播访问人数/店铺访问人数×100%	生意参谋—竞争—竞店分析—入店来源（需要下载阿明工具）	生意参谋—竞争—竞店分析—入店来源（需要下载阿明工具）	生意参谋—竞争—竞店分析—入店来源（需要下载阿明工具）	秒杀 优惠券 点赞券 …

图 8-5

表3：时段运营数据表												
时间段	店铺	项目	店铺销售额	直播销售额	直播渗透率	直播转化率	直播访问人数	每小时直播访问人数	每小时直播支付金额	直播客单价	直播UV价值	增粉数
12:00—13:00		抓取路径	生意参谋—交易—交易概况—支付金额	生意参谋—流量—店铺来源—手淘淘宝直播—趋势	直播销售额/店铺销售额×100%	生意参谋—流量—店铺来源—手淘淘宝直播—趋势	生意参谋—竞争—竞店分析—入店来源—趋势	直播访问人数/直播时长	直播销售额/直播时长	直播销售额/直播支付人数	直播销售额/访客人数	直播中控台—查看历史数据
13:00—14:00												
14:00—15:00												

图 8-6

表4：货品运营数据表												
	时间	店铺	货号	图片	品类	访客数	支付金额	支付件数	支付买家数	支付转化率	直播销售占比	产品类型
抓取路径						生意参谋—流量—店铺来源—手淘淘宝直播—商品效果	生意参谋—流量—店铺来源—手淘淘宝直播—商品效果	生意参谋—流量—店铺来源—手淘淘宝直播—商品效果	生意参谋—流量—店铺来源—手淘淘宝直播—商品效果	生意参谋—流量—店铺来源—手淘淘宝直播—商品效果	产品销售额/总销售额×100%	

图 8-7

在这四张表格中，部分数据需要通过阿明工具来辅助获取，商家可以提前安装好这个工具。

8.2.1 表 1：直播运营数据表

直播运营数据表是店铺直播间管理的一张基础表格（如图 8-4 所示），商家可以通过它来了解当日直播概况，梳理基础运营数据。这张表格中的部分数据是通过生意参谋获取的，部分数据是通过阿明工具得到的，还有一些数据如直播渗透率等，则需要商家通过公式计算得出。

其中有几项数据需要重点关注。

1. 直播转化率

直播转化率数据可与店铺转化率横向对比，一般来说，直播转化率会高于店铺转化率，直播转化率越高，说明直播效果越好。有些商家的直播转化率是店铺转化率的 2~3 倍，这就说明其直播间的带货能力是很强的。

2. 直播渗透率

直播渗透率即直播销售额占店铺销售额的百分比。这项数据从侧面反映出一个店铺直播间的重要程度，直播渗透率越高，直播对店铺越重要。

这项数据并没有统一的评测标准，比如珠宝店铺的直播渗透率或可达到 80%~90%，但是普通的服饰类店铺的直播渗透率为 10%~20% 居多。

根据淘宝直播的现状，目前有些店铺已经成功转型为直播店铺。如果一个店铺的直播渗透率在 50% 以上，我们就可以理解成，这个店铺超过一半的销售额是由直播带来的。因此，商家需要重点关注直播间的用户和产品，甚至需要协助完成一定的资源倾斜。

一个店铺的直播渗透率高低没有绝对的好坏之分，只要在运营过程中保持正常即可。但是考虑到直播带来的粉丝沉淀和品牌曝光效应，如果直播渗透率能达到接近该类目的平均直播渗透率，那么就算是比较好的了。

此外，直播渗透率也可以与竞品做横向对比，用来学习竞品店铺高效的营销策划方法，还可用来推测淘宝大盘趋势对直播的影响。比如，某店铺的直播渗透率从 2018 年的 3% 提升到 2019 年的 30%，靠的不仅仅是直播内容运营能力的优化，还有整个社会环境对直播购物的认可、官方平台对店铺直播的扶持、用户购物习惯的改变等因素，这些都可以从直播渗透率这项数据中获得一些指引。

3．直播访客占比

直播访客占比这项数据等同于评测一个线下店铺的“人流量”，公式为：直播访问人数 / 店铺访问人数 ×100%。从这项数据可以看出每天店铺访客中有多少人是由直播间导入的，如果直播访客占比较低，则说明直播间的私域与公域曝光还不够，无法吸引更多的用户通过直播下单购买产品。

商家可以考虑提升店铺私域中的直播间存在感，在首页、微淘页面和客服人员的话术中，主动为直播间引流，同时也可以加强超级推荐等拉新工具的投放，引流更多的精准人群进入直播间。

4．直播 UV 价值

直播 UV 价值是综合了点击量和转化率的衡量数据，它是直播间运营成果的综合评测指标，直播 UV 价值越高，说明直播成效越好，同时对于直播间来说，其商业价值就越高。直播 UV 价值也受店铺活动和直播活动的影响，是衡量不同时段直播的商业价值的重要数据。

8.2.2 表 2：竞店对比数据表

竞店对比数据表是根据“直播运营数据表”发散的衍生版本，各项数据的排列和来源不变。由于我们拥有了阿明工具，因此可以捕捉到竞品店铺的相关数据，将竞品数据罗列出来进行对比（如图 8-5 所示）。

在该表格的最后一项中，给出了店铺的营销玩法，运营人员可以前往竞品店铺的直播间记录下当天的营销活动，对照着数据和玩法一起看，方可建立相应的关联。比如从竞品店铺的高转化数据，联系到在营销玩法中是否有促进转化的优惠券或活动方案，从而有针对性地进行效仿和学习。

8.2.3 表 3：时段运营数据表

时段运营数据表是一张可以满足商家精细化运营需求的表格（如图 8-6 所示）。该表格的作用有两个。

（1）帮助商家掌握时段运营的趋势。在这张表格中展现了每个时段销售额的浮动情况，使商家更加了解用户的消费习惯，从而针对用户的需求设置不同的促销活动。

在这张表格中显示了店铺热销时段和冷门时段的情况，针对冷门时段，商家可以加大促销力度或者设置时段秒杀单品，继续拉动转化率的提升。

（2）该表格适用于直播时间长和有多位主播的直播间。比如某店铺一天直播时长是 12 小时，一共由 4 位主播分别承接不同的时段直播。通过该表格，可以清楚、直观地看到每一位主播直播的转化数据和 UV 价值，转化数据从侧面反映了不同主播的带货能力；直播 UV 价值则是直播成果的最好体现，直播 UV 价值越高，说明该主播的带货能力越强。商家可以针对长期拥有高转化和高 UV 价值的主播，提供一些激励措施，提升主播的积极性。

8.2.4 表 4：货品运营数据表

货品运营数据表与产品息息相关，是一张用于管理直播间的产品销售和转化数据的表格。直播间的单品销售能力如何，基本都展示在这张表格中。根据在货品管理章节中我们提出的要求，商家对直播间的产品要完成一定频率的更迭，关于如何更迭，以及依据在哪里，在这张表格中就可以得到反馈（如图 8-7 所示）。

在这张表格中可以看到直播间产品的各项数据，比如产品的访客数（通过直播间对产品进行点击访问的用户数量）、支付金额、支付转化率等，这些都属于产品的“数据标签”。在每一场直播中，产品的表现力都有所不同，商家可以根据这张表格，决定在下一场直播中是否还选择某款产品。

8.3 如何完成业务的复盘与总结

8.3.1 日报

对于直播运营工作，我们一直要求运营人员能够完成每日直播数据的统计和汇报，并且将上面四张表格的统计数据统一发送给所有的直播运营团队、店铺运营团队、商品管理团队和客服团队，打通企业内部的信息共享。

正如我们在前文中所说的，直播是一个“牵一发而动全身”的业务线，只有让每一个环节上的工作人员都知道直播的进展，才能够有助于企业内部更好地配合开展业务。

日报一般在直播下播后次日上午进行统计，以邮件的形式，并辅以一定的文字分析。针对每一张表格中的核心数据展现和优化方法，运营人员需要提供解决方案，比如使用秒杀和买赠的方式提高转化率、使用优化直播间主图的方式提高点击率等。关于优化的细节内容，需要与本书第 5 章中介绍的数据提升方案一一对应，有针对性地提升直播成效。

8.3.2 周报

在周报数据中，则更加侧重于周度直播发展趋势的展现，一般以周一到周日为一个复盘的周期，观察数据的发展状况是否健康、良好。

每周数据复盘结束后，都要对货品运营数据表加强关注，因为每周的产品表现都有所不同，商家可以根据此表格进行第二周的产品更迭工作。

除了上面提到的四个表格，周报中还有一项内容需要独立呈现，即运营人员对下周的活动策划相关事宜，如图 8-8 所示。

直播专场活动主题更新	
活动名称	**活动名称**
爆品日	品牌特卖日
主推货品	**主推货品**
爆畅款	平销款
活动模式	**活动模式**
套餐搭配/多件多折+折扣/满赠	满减/满赠+抽折扣+拍后返
具体玩法	**具体玩法**
1、开播上架；	1、平销款购买满XXX，减免X元/送XXX
2、套餐搭配：买爆款+直播间任意其他款式，享受单件9折折扣优惠；	2、直播间定时抽赠品，烘托直播氛围；
3、满赠：活动当天实付款>299，送浴帽，实付款>499，送运动双肩包	3、当天购买产品可参与抽拍后返和折扣
4、购买爆款产品可参与当天整点抽奖活动（抽奖内容每周不定）。	

活动名称	**活动名称**
上新日	会员日
主推货品	**主推货品**
新款	全品类
活动模式	**活动模式**
新品发布专场+新品折扣+赠品	粉丝等级入会红包+红包雨+赠品
具体玩法	**具体玩法**
1、新品定时上架，配合主播讲解，讲一款上一款；	1、新/铁/钻/挚爱粉入会购买返不同额度的红包；
2、邀请研发专业人员讲解服装设计理念；	2、当天入群晚上定时发送红包雨；
3、新品上架，限时折扣优惠，之后减少优惠；	3、新入会领赠品/10元无门槛红包；
4、买新品就送赠品。	

图 8-8

在直播精细化运营的过程中，为了给消费者带来更多的新鲜感，商家对一周中每一天的活动都可以进行一定的玩法创新，比如周一是爆品日、周二是品牌特卖日等。

想要做好这样的活动策划，需要提前了解行业和类目正在进行怎样的玩法，先将打榜、大促等平台重要活动安排进一周的日程中，优先满足平台玩法。

然后针对空白的时间段，安排进商家自运营的活动策划中，比如会员日、老客日等可以通过自己的内容触达完成活动运营。这样每天都有新活动，每天都有不同的产品吸引消费者，让直播间的用户保持高度的参与感，久而久之，用户的回访率和复购率便会有所提升，内容的丰富程度带动直播成效，“播品牌”也可在丰满的活动策划中逐渐完善，带动品牌升量。

8.3.3 月报

店铺直播每月一次的重点复盘，成果就展现在月报中，月报的重点是通过上面四个表格的总结、合并、计算，统计出每月的数据情况。一般以表格加 PPT 的形式进行展现，表格用来提供数据，在 PPT 中则以图表形式，展现一个月内转化率等各项数据，更加直观。

在月报中，商家不仅需要评测四张表格中所展现的数据，还应该横向对比，与自己过往的月报数据进行对比，观测每月的直播渗透率是否有所提升、行业趋势是否对直播有所助力，以及直播的转化率是否比上个月有所提高，如果直播转化率没有提高，则在下个月中就要设计更多有利于转化的活动，带动销售额的提升。

月报，也是主播薪资变化的依据。根据我们的管理经验，商家每个月都会计算出每位主播达成的销量、转粉率和转化率，在综合评测中，这三项数据各自占据 1/3 的综合分。商家通过这三项数据来考评主播的带货能力，增减绩效工资，灵活地管理主播人员，以奖励形式刺激主播在下个月的工作中逐步提升带货能力。

9

第9章

零基础玩转直播推广工具

看一个互联网新事物是否能成为主流且被持续运维，就看它的推广系统是否科学、完善。推广系统越科学、越完善，就意味着这个事物的发展越接近正轨，只有盈利体系得到合理的保障，它才能持续发展。

店铺直播从达人直播演化而来，早期，直播以个人的形式存在，最早开始直播的人拥有更多的可能性，也更容易成为大主播，越往后，个人主播越难以做起来。原因很简单，因为达人主播的推广系统不完善，大多数时候还是靠主播的口才、运气、努力、资源等。现在，我们很明显地发现，达人主播的江湖格局已经定型，超级大主播牢牢地占据着市场大佬的位置，难以撼动。

经过达人直播多年的市场耕耘，验证了一件事：消费者对直播买单是合理存在的，越来越多的消费者接受了直播这个购物链路，从而促使店铺直播应运而生。店铺直播将达人标签附加在店铺上，最大的好处就是，店铺直播作为店铺整体运营的一个分支板块，可以被合理地嫁接到店铺的推广系统中，这样即使是新建立的直播间，也能够在商家熟练掌握直播技巧后进行正常推广。

早年经历过直通车打爆款的商家，对推广的价值了然于胸，无非是在推广店铺直播时，推广主体从单品变成了直播间。所以我们可以想象一个场景，推广的逻辑基本一样，而直播间的转化率是远远高于商品详情页的（因为在直播间，商家能直接跟消费者对话，可以做到满足千人千面的需求，而详情页永远只能满足一部分消费者的需求），这就意味着店铺直播加上推广，可以在合理的手段下更大限度地促进成交。

9.1 直通车推广直播

直通车作为传统运营中的最大推广渠道，被广大商家所熟知，在以往的推广中，直通车跟单品紧紧地挂钩，所以出现了很多诸如直通车打爆款的玩法。如今，直通车增加了直播推广的功能，在直通车中能直接推广直播间，以往消费者点击创意图片会直接进入商品详情页，而在直通车直播推广中，消费者点击创意图片会进入直播间，在创意图片上也会有“直播中”标识，如图 9-1 所示。

点击创意图片进入的落地页可以是正在直播的直播间，也可以设置看点，让消费者看直播回放中的某个片段，如果消费者看完这个片段后还想看的话，就可以点击回到直播中继续观看整场直播。

直播结束后，也可以继续推广，此时创意图片上的“直播中”标识就变成了“直播讲解”，如图 9-2 所示。

图9-1

图9-2

下面我们来看看创建直通车直播推广计划的流程，其与常规关键词计划的创建并没有太大的不同，我们通过详细步骤来演示一遍。

第一步：在直通车后台，进入“推广”中，找到“直播推广”，如图 9-3 所示。

图 9-3

第二步：新建直播推广计划，如图 9-4 所示。

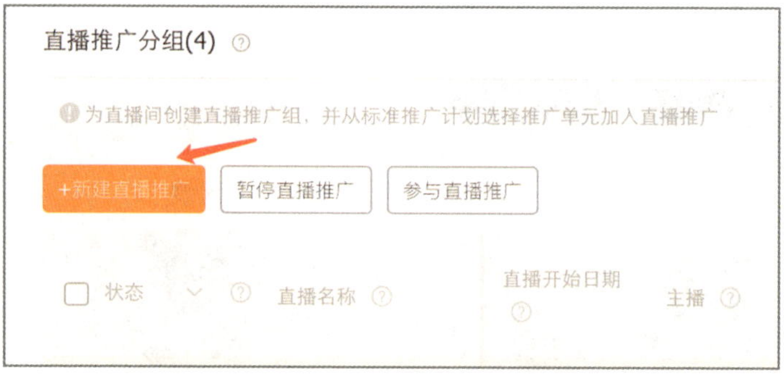

图 9-4

第三步：选择直播间进行投放设置，如图 9-5 所示。

点击“选择直播间”按钮，选择店铺内的直播间。我们可以选择投放过去已经直播过的直播间，也可以选择即将开播的直播间，一次只能选择一个直播间进行推广，如果需要推广多个直播间，则需要重新建立推广计划，如图 9-6 所示。

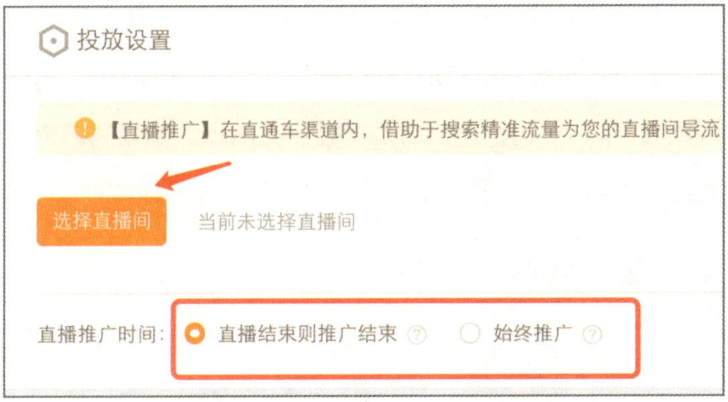

图 9-5

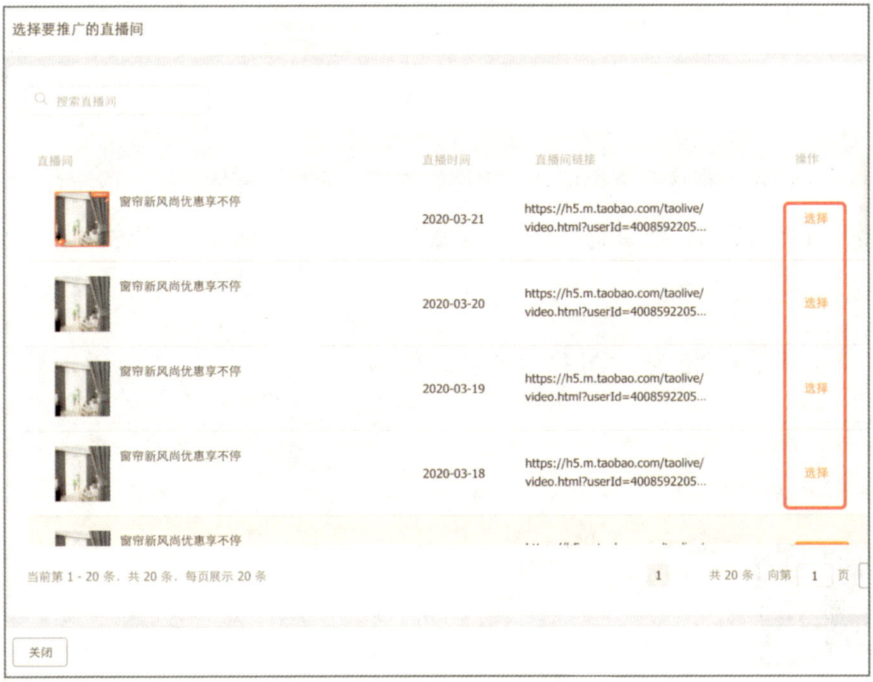

图 9-6

在“直播推广时间”中，“直播结束则推广结束”指的是当直播结束之后，在直通车中所设置的直播推广也相应地结束，就停止投放计划了；“始终推广”指的是当直播结束之后，不结束直播推广，而是自动切换至该商品直播回放片段，从而持续为商品引流。如果选择推广的是直播还没有结束的直播间，则可以选择“直播结束则推广结束”；如果选择推广的是直播已经结束的直播间，则只能选择“始终推广”。“直播结束则推广结束”和“始终推广”只能选择其一。

第四步：设置推广单元，如图 9-7 所示。

图 9-7

单元设置是指从标准推广计划中选择推广单元加入直播推广。请注意，需要主播在直播间生成宝贝讲解看点，才会触发开始宝贝直播推广。点击“添加推广单元”按钮，添加宝贝。

第五步：创意预览，如图 9-8 所示。

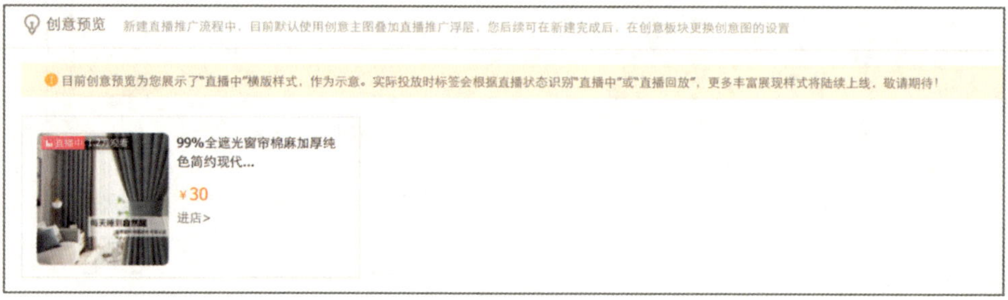

图 9-8

在新建直播推广流程中，目前默认使用创意主图叠加直播推广浮层，后续可在新建完成后，在创意板块中改变创意图片的设置。

第六步：设置推广方案，如图 9-9 所示。

图 9-9

在推广方案中，可以设置直播的单独溢价，系统默认的初始溢价为 1%，我们可以适当增加溢价，然后对直播引流关键词词包进行综合出价，对直播推广人群进行移动溢价。设置完成后创建直播推广分组，直播推广计划就创建完成了，接下来就可以等待数据的产生了。

9.2 钻展推广直播

钻展是最早能进行直播推广的工具，在达人直播流行的时候，钻展就可以对其进行推广了。目前，钻展和超级推荐依然是店铺直播最有力的推广工具。在钻展的主要功能中，有两个推广模块可以对直播进行推广，它们分别是“全店竞价推广”和“直播推广”。

9.2.1　创建全店竞价推广计划

全店竞价推广是钻展最古老的推广方式，它无法把流量直接引入直播间，而是要通过落地页的跳转将流量引入，这就需要在落地页上下功夫，减少流量的跳失。

全店竞价推广并不是指推广整个店铺，它只是钻展推广方式中的一个名称，很容易让人误会为推广全店。

下面讲解利用全店竞价推广创建直播推广计划的步骤。

第一步：进入全店竞价推广计划中，如图 9-10 所示。

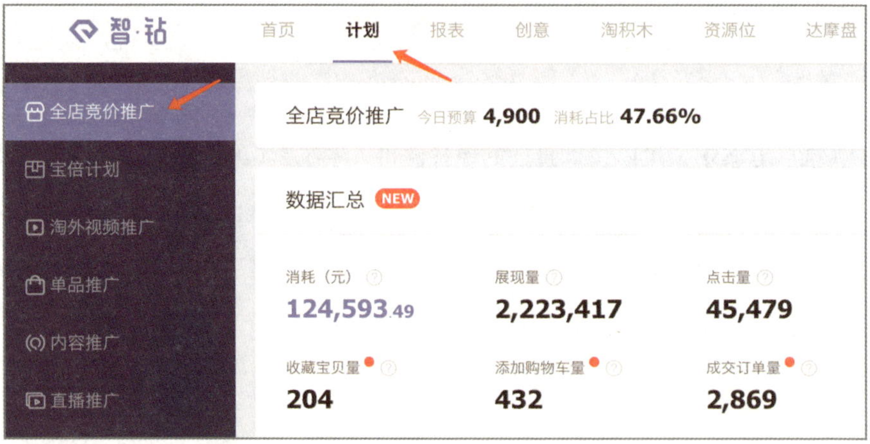

图 9-10

第二步：新建推广计划，如图 9-11 所示。

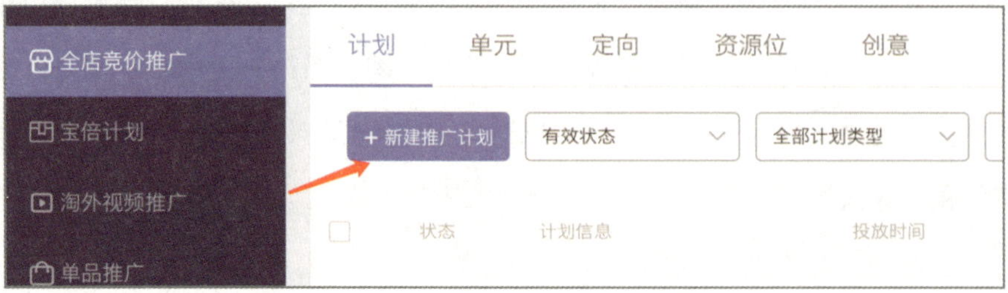

图 9-11

第三步：选择全店竞价推广，如图 9-12 所示。

图 9-12

第四步：新建推广计划，如图 9-13 所示。

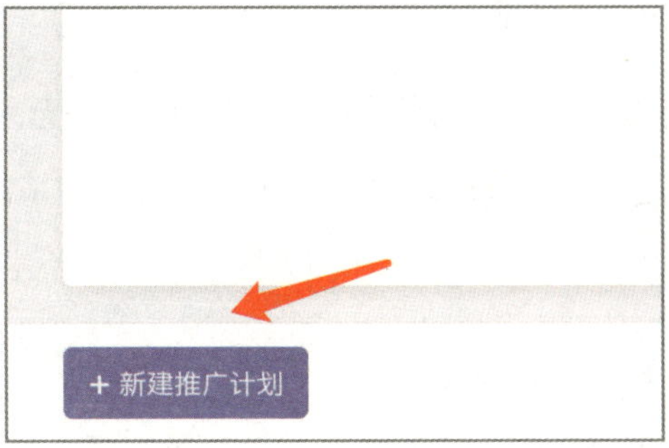

图 9-13

第五步：设置营销参数，如图 9-14 所示。

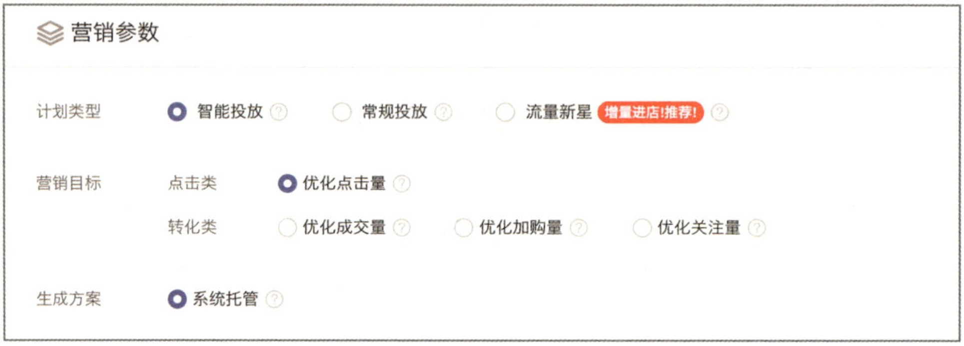

图 9-14

计划类型分为智能投放、常规投放和流量新星。智能投放是指系统智能推广的计划，不需要人工调整太多，方便易用，数据综合、平稳，建议使用。

常规投放是商家在日常投放中最常使用的一种计划，也就是自定义投放方式，所有的操作都可以人工调整。

流量新星使系统可以增加更大的流量范围，也是系统推广计划，其使用率不高，在一个账户内只能拥有一个流量新星计划。

三种不同类型的计划，在实际中都可以选择使用，无须纠结。如果是新手，则可以选择“智能投放”和“流量新星”，因为这两种计划不需要过多的人为操作，在投放过程中使用简单。

营销目标指的是在计划投放过程中，系统会适当地优化某种行为。比如优化点击量，是为了让更多的人产生点击行为；优化成交量，是为了让更多的人产生成交行为。在优化成交量时，点击量会受到影响而减少；在优化点击量时，成交量就会相应地减少。

第六步：设置基本信息，如图 9-15 所示。

图 9-15

此处我们使用“常规投放”的计划类型来演示。

在竞价方式中，“最大化产出”和“成本约束下最大化产出”只是系统的一种设定，在实际使用过程中产生的数据偏差不会太大。在日预算不多的情况下，这两种竞价方式都可以选择使用；如果日预算大，则可以选择“手动出价”，更灵活地对流量进行规划。

预算的设置一般选择“固定单日预算”。

单元预算优化是指系统根据计划下多个单元的消耗情况和数据情况进行计算，实时对计划下的不同单元进行调配。比如有多个单元，某个单元的投放数据优异，但是流量相对较少，系统就会自动优化这个单元，把更多的花费倾斜到这个单元上。

推广主体保持系统默认设置即可，对投放主体的选择在上传创意时才会生效。

第七步：设置定向人群，如图 9-16 所示。

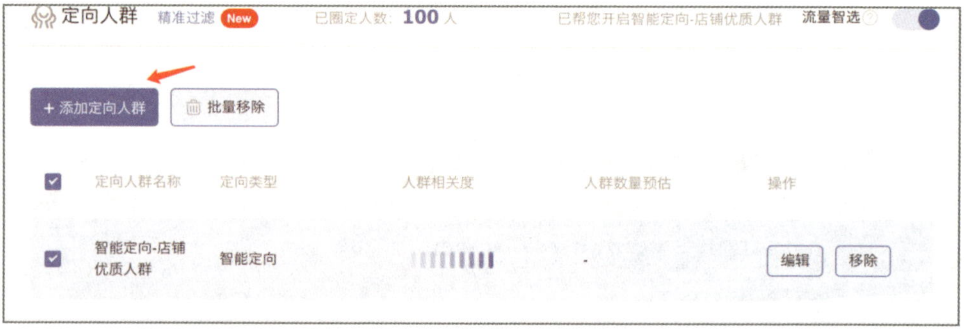

图 9-16

此处可以添加或者移除定向人群，定向人群就是我们投放的目标人群。

第八步：选择资源位，如图 9-17 所示。

图 9-17

资源位就是钻展广告展示的位置，较好的位置是无线首焦资源位。

第九步：添加创意，如图 9-18 所示。

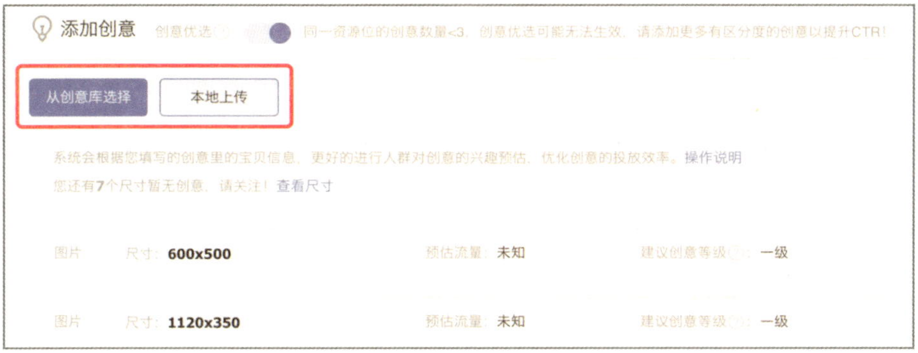

图 9-18

我们可以从创意库中选择创意，或者直接本地上传创意，从创意库中选择的创意也是预先上传的创意，创意上传完毕后，就可以进行投放了。

9.2.2 创建直播推广计划

现在直播推广已经被逐步接入超级推荐中，未来会逐步转移过去。钻展的直播推广尚可使用，创建直播推广计划的方式与创建全店竞价推广计划类似。

第一步：新建推广计划，如图 9-19 所示。

图 9-19

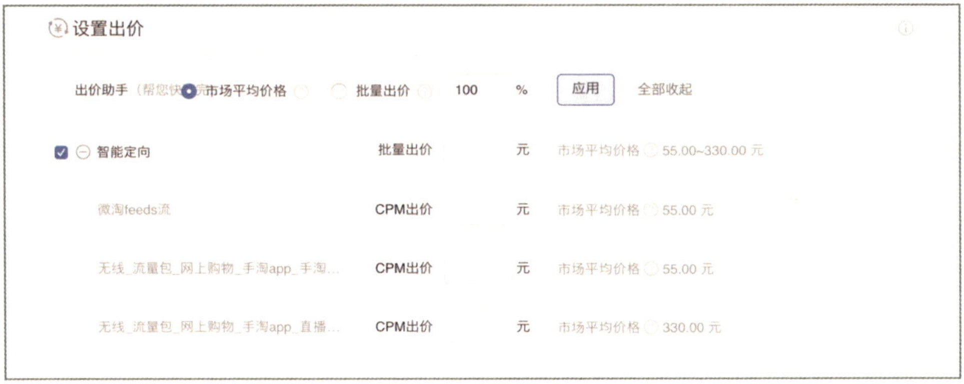

图 9-23

第六步：添加创意，如图 9-24 所示。

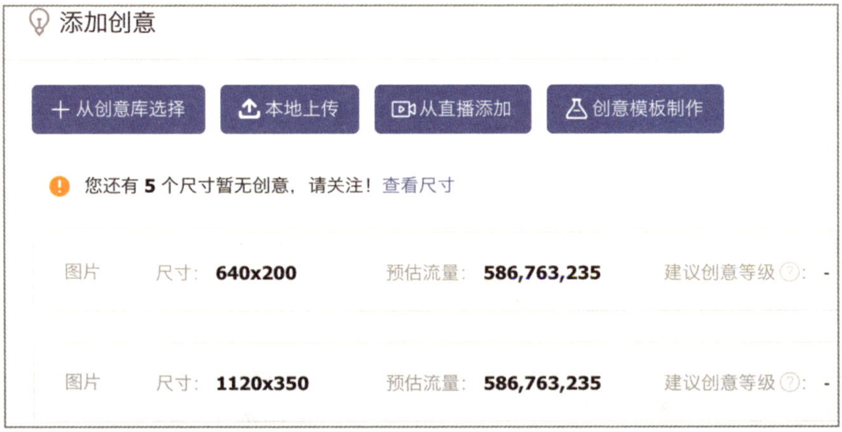

图 9-24

9.2.3 钻展直播推广创意和落地页特色

在钻展的投放过程中，商家可以通过钻展直播组件和落地页插入直播间的特色来提升推广效果。

1. 直播组件（如图 9-25 所示）

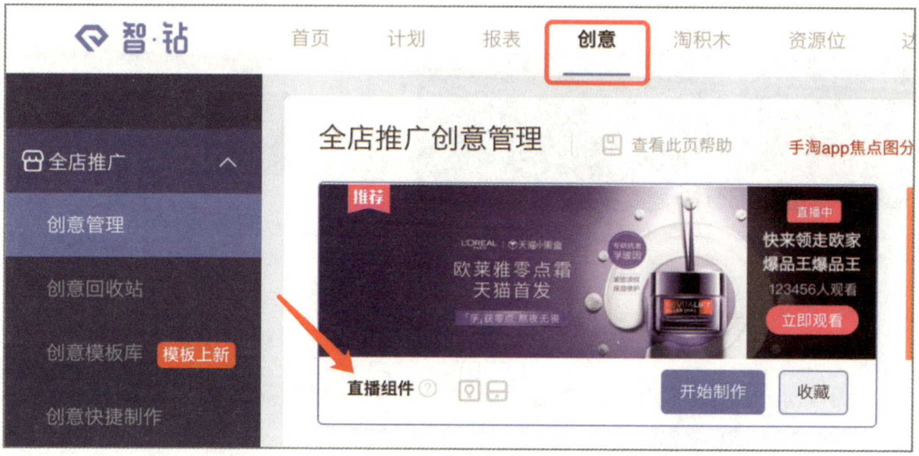

图 9-25

点击进入“创意”页面，可以看到直播组件模块，使用直播组件可以在创意中添加关于直播的小模块来提高点击率。其使用方法如下。

第一步：点击“开始制作”按钮，进入“创意详情”页面，如图 9-26 所示。

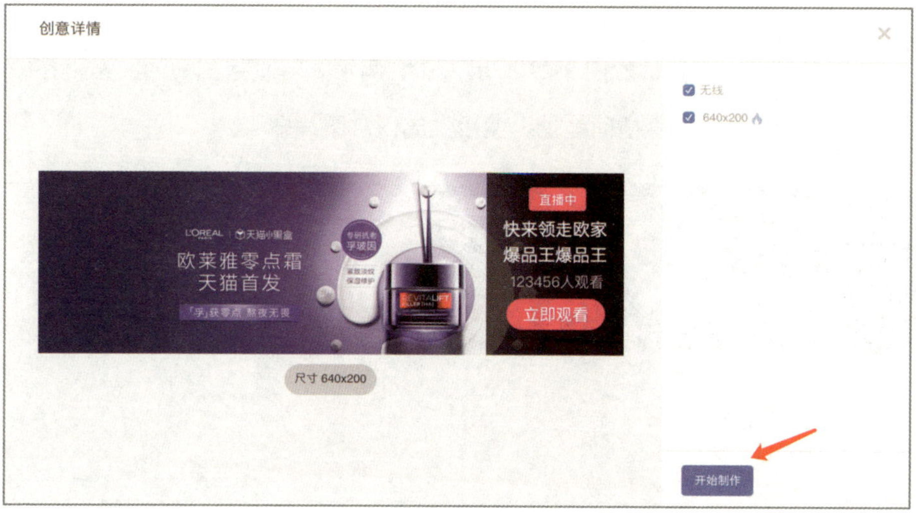

图 9-26

第二步：编辑图片内容，如图 9-27 所示，可以本地上传创意图片。

图 9-27

第三步：选择投放主体，如图 9-28 所示。投放主体就是消费者点击图片所到达的页面，如果想让消费者点击创意图片直接到达直播间，则需要选择“自定义URL”，在下方的文本框中输入直播间地址。

图 9-28

第四步：直播设置，如图 9-29 所示。在右侧输入与直播相关的文案，在“直播链接”文本框中输入直播间地址，然后生成创意图片即可。

图 9-29

2. 淘积木落地页（如图 9-30 所示）

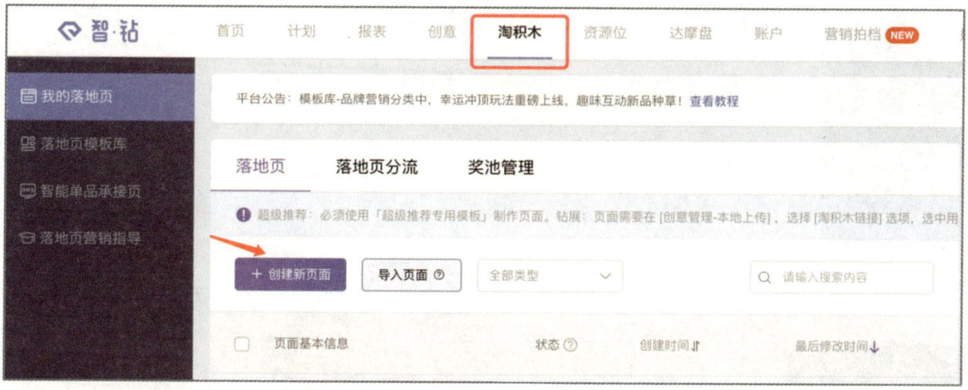

图 9-30

第一步：创建新页面，选择淘积木落地页场景，此时我们需要落地页是直播间，所以选择“自定义”，如图 9-31 所示。

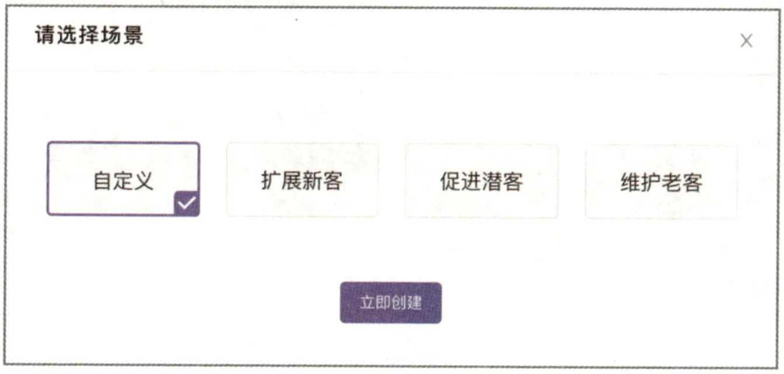

图 9-31

第二步：创建场景，如图 9-32 所示。根据商品货架中的分类选项，选择分类，然后在下面找到自己喜欢的落地页模板。

如果不使用现成的模板，则可以选择“空白模板”，如图 9-33 所示。

图 9-32

图 9-33

第三步：选择其中一个模板，开始制作，如图 9-34 所示。

选择“店铺信息”中的直播模块，则可以在落地页上生成直播间。在投放中，消费者就会通过创意图片到达这个页面，然后点击进入直播间。淘积木落地页在钻展和超级推荐中都可以使用，但需要分开制作页面。

图 9-34

9.3 超级推荐推广直播

超级推荐是推广直播的利器，这个工具最初就是专门为了推广直播而设计的，后来功能完善后才增加了商品推广和图文推广等功能。下面我们来看看在超级推荐中创建直播计划的流程。

第一步：新建推广计划，如图 9-35 所示。

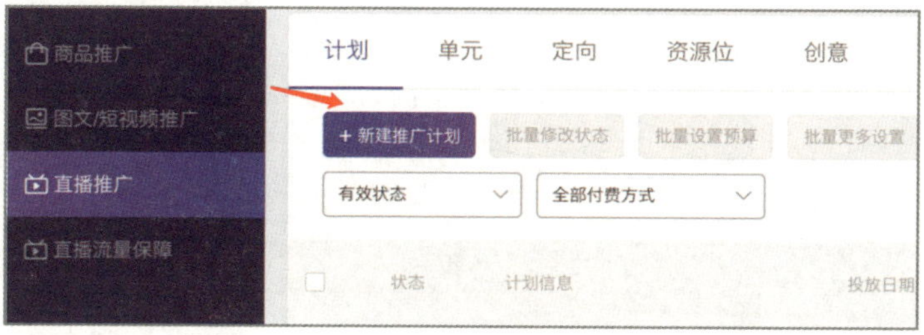

图 9-35

第二步：选择“直播推广”，如图 9-36 所示。

图 9-36

第三步：选择营销场景，如图 9-37 所示。每一种营销场景都有系统的官方介绍，其中直播特快号是在直播推广量比较大时才会开通的功能，是系统自动开通的。这里我们使用“自定义”进行演示。

图 9-37

第四步：新建自定义计划，设置计划基本信息，如图 9-38 所示。我们重点介绍直播连续投放功能，开启这个功能将会在同一个计划下连续投放直播间。若直播间宝贝有变化，则需要自主添加创意。早期的超级推荐不能连续投放直播间，每一场直播都需要重新创建单元进行推广。

图 9-38

第五步：选择需要推广的直播间，如图 9-39 所示。

图 9-39

第六步：选择定向人群，如图 9-40 所示。

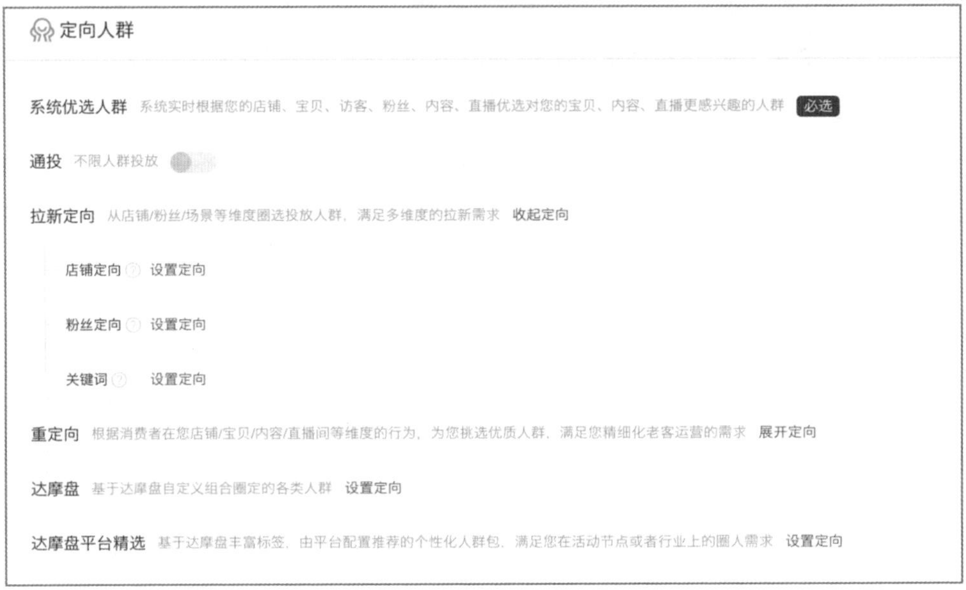

图 9-40

第七步：选择人群出价，如图 9-41 所示。

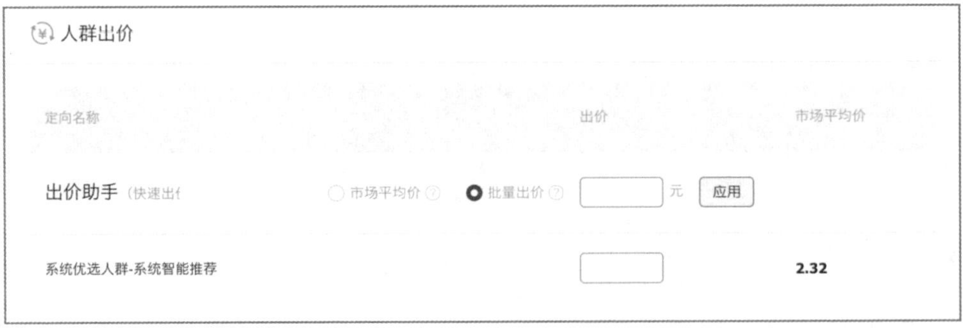

图 9-41

第八步：选择资源位，如图 9-42 和图 9-43 所示。目前超级推荐直播推广的资源位有三个，可以都选择，也可以对资源位进行单独溢价。

图 9-42

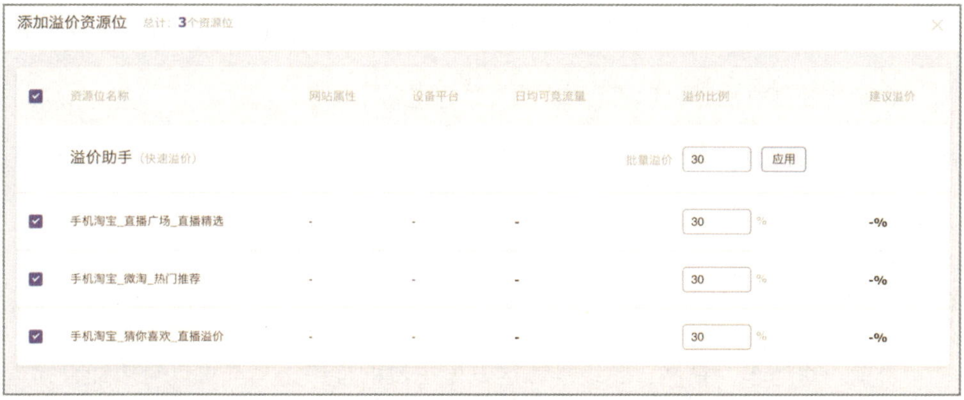

图 9-43

第九步：添加创意，如图 9-44 和图 9-45 所示。

图 9-44

图 9-45

这里有三个创意模板供选择，第一个是商品主图，第二个是图片加视频，第三个是图文创意，其中第二个效果相对较好。在实际投放中，我们可以三个都选择。

在制作好创意后就可以进行推广了。

9.4 推广理念

目前，直通车、钻展、超级推荐这三个主流的推广工具都可以对店铺直播进行推广，在这三个工具中，最常用的还是超级推荐和钻展。在做推广时，我们必须有一个清晰的投放目标，才能对投放进行更好的优化，产生更好的数据效果。

在投放过程中，我们一般用超级推荐进行直播推广的拉新，用钻展对流量进行收割。拉新、收割是我们常听到的词，也是我们常定的两大目标，那么在完整的推广逻辑中，有多少推广目标呢?

拥有一个清晰且完整的目标体系，是我们必须遵循的推广理念。

当熟知了各大推广工具的后台页面，知道了在哪里进行操作，以及如何创建计划后，我们就掌握了基础操作能力，而要掌握目标投放的能力，我们需要对超级推荐（钻展、直通车）的三大投放目标非常了解。

拉新、收割、维旧，就是超级推荐（钻展、直通车）的三大投放目标。简而言之，我们的所有操作和推广目的都是围绕着这三大目标进行的，包括平常的一些特殊性操作，比如春上新的测款，如果用老客户测款，则推广计划属于维旧范畴；如果用新客户测款，则推广计划属于拉新范畴。再比如在“双 11”期间，分为很多阶段，其中蓄水期属于拉新范畴，预热期属于拉新和维旧范畴，11 月 11 日当天属于收割和维旧范畴，余热期属于维旧范畴，诸如此类。我们发现所有的投放背后都必定有一个既定目标，如果没有目标进行投放，那么就需要重新审视推广方案了。

在实际运用过程中，我们可以发现，三大目标是基于直播规划而产生的，是最终分配到每个工具上需要完成的任务目标。比如在“双 11”期间，什么阶段需要新流量，超级推荐（或钻展）负责多少新流量的引入，此时就需要制定名为“拉新”的投放目标，去执行计划的操作。

在实际的操作过程中，三大目标的执行最终被分布在两件事情上。第一是定向的选择，也就是在拉新过程中，需要进行拉新的定向选择，整体而言，是定向所覆盖的人群，对于店铺来说是新用户。第二是优化目标的选择，在产品推广中，当针对人群出价时，就会有优化目标供选择，如图 9-46 所示。

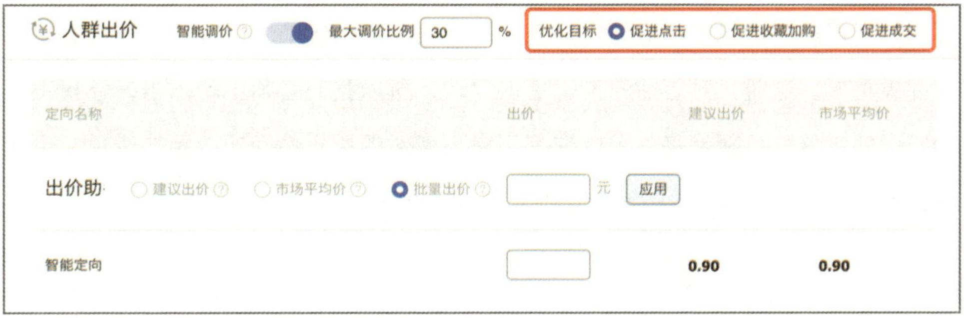

图 9-46

接下来，我们对拉新、收割和维旧进行详细讲解。

9.4.1 拉新

1. 拉新的概念

早些年，拉新在钻展投放中使用率最高，但是在直通车中却很少会提及“拉新”这个词，因为直通车的流量都是消费者主动找过来获得的，算不上“拉”。而在钻展和超级推荐中我们主动找人，就好比超市开业，我们在超市门口吆喝邀请用户来看，此为“拉”。

拉新是指我们主动通过超级推荐（或钻展）把自己想要的人引入店铺中，且这一部分人此前并没有跟店铺产生过任何关系，即为新用户。

早些年，拉新在店铺的运营过程中并不是很受重视，那时候市场没有井喷，商家只需要正常运营店铺，总会有一部分免费流量给到店铺，也就是扶持流量。而现在，淘宝网流量池的总量接近饱和，商家数在不断增加，流量渠道在不断分散，将流量打得七零八碎。此外，早些年使用的还是搜索，大部分新用户都是通过搜索进入店铺的，流量渠道单一，如果需要新流量，使劲“开车”就行了。

现在我们发现店铺所需要的流量再也不是单一渠道流量了，而且很多流量并不是我们用知识就能解决的，这些流量不会主动进入店铺中，官方的扶持也越来越捉襟见肘。这时，对店铺的考验更加严峻，所以我们必须主动出击，寻找跟自己匹配的流量，拉新是每一个店铺都不得不面对的历史性问题，无法避免，也无捷径可走，最接近捷径的路就是比别人走快一步。

2. 拉新参考指标

当我们需要拉新时，不论处于什么样的境地，拉新的本质都是获取流量，为店铺带来优质的流量。以前需要拉新时，一般都在特定的时间和活动中专门进行，比如“双 11”、“双 12”、“6·18”、新风尚周、店铺上新等活动。在日常运营过程中，很多商家并没有把拉新作为重点工作，毕竟流量足够，而如今无时无刻都需要拉新，很多商家的反应比较快，已经把拉新作为店铺运营的日常工作，这时就需要通过一些指标来考量引入的流量是否是自己需要的。

（1）流量获取能力

当我们需要经常进行拉新工作时，就需要强大的流量基础来支撑目标的完成，所以首先要有强大的流量获取能力，且任何爆品、爆店的产生都需要依靠这一能力。

具备流量获取能力的先决条件是，我们的商品是否具备优秀的市场反应基础。在很多女装店铺中，我们见过或者听说过，有很多款无论怎么推广都推不起来，可是有些款即使不推广，也能莫名其妙地起势，究其原因，就是因为该商品具备了优秀的市场反应基础，消费者的喜好得到了极大的满足，所以商品自身具备吸引流量的潜质。

其次，推广所选择的定向人群覆盖面也影响流量获取能力。如果所投放的定向人群总共只有几千人，再加上通过系统计算后这几千人并不会全部展示给我们，那么我们所得到的流量就会非常有限。虽然通过系统的反复计算（超级推荐拥有系统计算的黑盒系统），随着时间的推移，我们能源源不断地获得更多的流量，但是我们付出的代价是时间，这是得不偿失的。

此外，图片点击率在很大程度上也影响流量获取能力。在超级推荐中，点击率决定了系统是否能给我们更多的流量，这是因为点击率高，代表我们的商品，至少商品的图片是受消费者喜爱的。

最后是直播间的承接能力，当我们初始得到一定的流量后，如果系统发现给到的流量并没有得到很好的转化，那么系统就会开始给我们断流，经过不断的计算，最终给到的是我们能消化的流量。

举个例子，假如刚开始时系统给 100 个流量，如果系统发现我们的承接能力非常好，就会给 1000 个流量；如果此时我们的承接能力依然很好，系统就会再给 5000 个流量；系统发现给到 5000 个流量时我们的承接能力下降了一点点，但是整体还能承接得住，就会给到 10000 个流量；当给到 10000 个流量时发现我们的承接能力突然崩盘了，系统就会认为我们无法承接 10000 个流量乃至更多的流量，于是开始收缩，经过不断的反馈和计算，最终得出结果：给到 8000 个流量时，是我们能够比较好地承接得住的最大流量阈值，于是系统就会在 8000 左右来抓取流量。

（2）流量成本

流量基数是保证店铺后续能否正常运行的关键，而流量成本是决定店铺后续能否顺利运行的关键，即使具备超强的流量获取能力，但是流量成本很大，那么也很难一直维持下去，所以说控制流量成本是一项重要工作。流量成本也就是每一个流量需要花费多少钱，即平常所说的 PPC（平均点击单价）。

对于商家来说，成本是每天都需要面对的现实，对待成本，熟悉又无奈。在这些年的变化过程中，我们最大的感触就是，T 恤可能同比十年前并没有涨价，甚至很多低价店铺和平台比原来更便宜，但无一例外的是，所有商家的流量成本都在上涨，在对待流量这件事情上，商家最大的愿望就是点击单价尽可能低，流量尽可能大。

近两年在线下授课时，我们提出一个概念，叫作“流量成本成本化”，这是什么意思呢?

大部分商家在计算成本时，其成本大致是产品生产成本 + 快递成本 + 包装成本 + 人工场地成本，往往忽略了流量成本，直到后面进行推广时才发现，定价定低了，预留的利润空间根本不足以支撑接下来的推广，而如果不推广，就卖不动，陷入库存压力中；如果拼命推广，就会陷入卖得越多越不赚钱的被动中。

我们提出这个概念，就是为了让商家在计算初始成本时就把流量成本预加进去。比如平均推广费占比20%,我们就可以根据目标销量计算出推广费大致是多少、平均到每一笔订单上的流量成本是多少。如此，我们就在最开始时预留了推广的空间。这个良性循环体现在,在总成本中加入了流量成本,初始成本必然就会上涨，售价也必然会上涨，如果价格上涨了还想要卖得动，甚至卖得更好，我们就需要更注重产品的品质，用更好的包装、更好的服务标准、更好的设计页面来提升商品的议价能力，此时就会发现，我们已经初步摆脱了让人焦虑的价格战。

两年前，我们提出这个概念时，很多人无动于衷，听不懂，听不进去，现在钱越来越不好赚了，回头想起曾经说过的话，发现其倒也不失为一个办法。多去尝试就好，虽然有成功、有失败，但是如果原地不动，所有人都会被淘汰，而如果有人已经趟了浑水，则至少可以告诉后来者，浑水也并没有那么浑。

(3) 流量价值

虽然我们已经明确目标是流量，但是在实际运作过程中，除了要考虑获取流量的能力和流量成本，还要考虑流量价值，即使不能迅速带来成交，也要为店铺带来更多的帮助。比如对于深度的访客行为或者以后的成交，我们可以参考收藏或者加购来对流量价值进行评判。

2016 年，我们曾经做过一个测试，利用钻展一天获得 20 000 多个访客，平均点击单价为 1 分钱。当拿到这个数据时，客户非常激动，然后我告诉他，20 000

个流量，只成交了一单，你还高兴吗？出于对数据的新奇，客户还是觉得很高兴，毕竟总体ROI是不亏的，然而，我却高兴不起来，因为这20 000个流量的质量太差了，流量价值太低了，对于推广来说，数据貌似很漂亮；而对于整个店铺来说，并不健康。

我们一般从消费者行为轨迹来看流量价值的高低，点击→浏览→深度浏览→收藏→加购→领券→购买→复购，产生的行为越往后，流量价值越高。在直播间中，停留时长、评论、点赞、互动等动态指标也间接反映了流量的价值，这也是我们在超级推荐和钻展的推广中会很看重收藏与加购数据指标的原因。因为客户是我们主动寻找来的，客户在看到我们的广告那一刻，并没有主动购买意愿，只是被吸引到了，在这种情况下，成交自然好，即使不成交，但是到了收藏、加购这一步，或者关注了我们的店铺、跟主播产生了互动、有过评论和点赞，我们也认为拉新的使命完成了。

一般来说，高客单价的商品看收藏，低客单价的商品看加购；刚需型的商品看加购，适合逛的商品看收藏。这是对商品产生数据的大致判断，在直播间中，还有一些判断依据是主播的直播反馈。

9.4.2 收割

1. 收割的概念

前文中提到，对于拉新来说，到了收藏、加购这一步，拉新的使命就算完成了。在拉新时，如果有非常大比例的流量转化为收藏或者加购，则说明已经很成功了。然而，我们不能看着收藏、加购比例变大就暗暗自喜，因为离丰收还差一步，那就是收割。

收割是指将跟店铺产生过关系但是未成交的人群通过再次投放召回，让他们进行购买。在之前的淘宝运营中，“收割”这个词被很少提及，只有最近这两年，新媒体不断地强调种草和收割，才将“收割”这个词炒火了，更火的是“割韭菜”。

收割的推广动作是紧随拉新其后的，甚至很多时候跟拉新同步，是一项必不可少的工作。因为不可能有一个计划对拉新、收割全覆盖，所以，如果拼命地拉新，新客户比重非常大，但是没有很好的收割动作进行承接，就会导致转化效果不如意。长久来说，就是对流量的损耗，即使有一部分新客户在拉新阶段成交了，但是占比较小，按照一个假定的数据来看，如果拉新转化率为 10%，也就意味着还有 90% 的流量损耗。如果这部分流量通过收割动作，哪怕只增加一个百分点的转化率，也能回收一部分流量，且一部分优质的新客户是很容易被召回的，比如深度浏览用户、收藏用户、领券用户、加购用户等，让这部分用户成交，比只进行过普通浏览和跳失的用户要容易得多。

2．收割参考指标

在收割阶段有两个重要参考指标，就是转化和点击率。

（1）转化

对于转化来说，无可厚非，我们之所以要做收割，就是为了让大量的拉新用户成交。

（2）点击率

在收割阶段为什么点击率如此重要？这是因为在召回老客户时，需要通过点击率来评测客户对我们的产品是否真正感兴趣，同时点击率也会影响收割效率。这有两个原因，一是点击率直接影响了流量成本，而流量成本是一个可见的数据指标，也是很多商家会特别关注的指标，如果流量成本过高，很多商家的投放进度就会放缓，在这个层面点击率就很重要；二是在收割时，我们需要知道对于不同的用户，能刺激到他们的痛点是不一样的，比如浏览用户，他们可能就是逛逛，对商品还没有很深的兴趣，此时我们的图片就需要以让他们产生更浓厚的兴趣为主；而收藏用户，他们可能就是很感兴趣，但是在短时间内没有购买的冲动，这时候，我们的图片就需要刺激他们的购买欲望，如透出价格、搭配、代言、专利、功能升级等。所以，对于不同的用户，对图片的要求不一样，通过点击率的高低就能间接判断出我们投放的人群的意向程度，或者图片的好坏。

9.4.3 维旧

1. 维旧的概念

维旧，顾名思义，就是指商家对有过购买行为的客户进行维护，增加客户的认知度和信任度，以达到促使客户再次购买或者分享的目的。当我们有大型活动时，就可以将有过购买行为的客户引导到活动页面进行复购。在对老客户的维护管理中，很多商家建立了自己的老客户管理系统，超级推荐（或钻展）的广告就是其中最为直接的触达手段，比起短信等更为有效。

现在已经进入了推荐式流量的时代，这是由消费者推进的，消费者已经习惯了推荐式购物行为。所以，当老客户面对新商品和新活动时，就会产生优先于陌生商品的信任感和亲切感，如果新商品和新活动能够吸引他们，那么这些消费者进行复购的概率就会很大。

很多商家说：我的老客户不需要推广也是我的老客户，该购买的迟早会购买，不推广也会购买，如果推广了反而是在浪费钱。

这套看似天衣无缝的逻辑在现实中根本站不住脚，我们不妨想想：假如你开了一家女装店铺，有些消费者关注了你的店铺，购买过你的产品，从这个定义上看，她们就是你的老客户和粉丝了，但是她们真的只属于你吗?

一个消费者很难一年四季或者一身上下都只穿一家店铺的衣服，所以她同时属于你的很多同行的老客户和粉丝。一个消费者之所以在同类商品中会关注很多家店铺，一定是因为这些店铺都符合其品味。在这些店铺中，她随时有可能在其中一家进行再次购买，而并不一定在你家购买，这对于店铺来说，好像是偶然，但是对于消费者来说，是必然，所以针对老客户的指向性投放变得非常有必要。而超级推荐（或钻展、直通车）是可以人为操作的工具，这就意味着我们在维护老客户上变得不再被动，而是可以主动出击，这对老客户召回起到了很大的帮助作用。

2. 维旧参考指标

（1）点击率

不论在哪个阶段，点击率都是非常重要的指标。对于超级推荐、钻展、直通车这三个工具来说，点击率都是重要的指标。对于维旧来说，也是如此。

（2）访问深度

老客户的访问深度代表着客户对店铺的兴趣度是否高。如果有老客户在店铺中浏览了多个宝贝，或者进入直播间观看了新的直播，则有可能是其之前购买的商品整体感觉适合自己，在找更多自己喜欢的商品，这意味着我们可以适当地增加产品品类，或者在有品类增加时针对深度访问的老客户投放。

（3）访问频次

老客户的访问频次与访问深度有类似的地方，如果一个老客户对一家店铺的访问频次高，则有可能是其在等待上新，或者是越来越接近他的复购周期了。

（4）复购

让客户有机会复购，是我们进行维旧的终极目的，希望普通客户变老客户、老客户变忠实客户，除了购买商品，还能对店铺或品牌进行传播。

在流量越来越贵的今天，每一个老客户的复购，都代表着流量成本的节约，所以在整个维旧这件事情上，我们都要严阵以待。

10

第 10 章

店铺直播的未来趋势

10.1 5G网络给直播行业带来的发展机遇

还记得我们曾经经历过的4G时代吗？

众所周知，从3G到4G，互联网的世界发生了翻天覆地的变化，但是让我们努力在自己生活的环境中寻找4G所创造的奇迹时，我们会愕然，因为身边的一切如此熟悉，我们竟然无法察觉到它是怎样一点一点进步到今天这个样子的。正是科技发展速度之快，身在速度里同步成长的我们会忽略这样的“相对运动”。

不妨让我来提醒大家，在4G网络环境中，打车软件让我们能够快速地叫车并实时跟进行车的路线；有一个四方形的小东西，叫作付款码，它几乎代替了生活中现金的存在，我们只要带着手机出门，就能满足所有的购物需求；我们可以使用微信给朋友打电话，每个月免费的通话时长几乎用不掉；我们爱上了短视频胜过图文，在休憩时会拿着抖音、快手刷刷刷……

这些都是发生在我们的4G生活中的真实案例。

从目前我们对信息的掌握来看，5G有可能会给行业带来哪些实质性的变革呢？

1. 5G网络让直播高清又高速

拥有了4G网络，我们能够实时查询到网约车开到了哪里、外卖员距离我们还有几公里，等等，高速的网络环境带来实时的速度追踪，当下的网络环境已经让我们可以很好地享受高效的生活状态。按照目前已知的理论数据，5G的传输速率将可以实现比目前的4G快10倍以上的速度，最快可达1Gb/s。

从实际使用的体验感来说，使用5G技术下载一部1GB大小的高清影片仅仅需要10秒就可以完成。这是5G从速度层面带来的质的飞跃。

从质量层面来说，在5G网络环境中可以实现超高清画质的传输，比如已经出现的8K超高清视频，其分辨率为7680像素 ×4320像素，像素总量约为3300万。

目前主流的 1080P 屏幕其像素总量为 200 万，8K 分辨率的像素总量为 1080P 产品的 16 倍。

我们可以试想，如果拥有了 8K 级别的分辨率像素，直播的画面能达到怎样的清晰。

我们都在网上浏览过海量的图片，平面图片一旦不清晰，用户就可以在指尖上完成图片的放大、缩小功能以看到图片的精致细节，对于高清图片甚至可以看到极致细微的画面。

看过直播的用户都知道，目前的淘宝直播，用户是无法实现等同于平面图片的画面放大、缩小功能的，直播只有实时的画面，要想实现直播画面的放大、缩小，首先对直播的器材有所要求，商家需要一个能够满足 4K 级别的摄像头；其次，只有淘宝后台的操控人员，才能让直播画面实现放大与缩小。比如主播在讲解眼影产品时，后台操控人员只需要放大要特写的地方，就能够实现画面的放大与缩小，如图 10-1 所示。

图 10-1

这样灵活地操控镜头，能够让消费者将产品看得更清楚一些，只可惜这样的操作掌握在镜头后的直播间里，并不在用户的手中。但是不要担心，只要我们拥有了 5G 网络，高清直播间就如同电视台的高清频道一般，让用户拥有更好的视觉体验，消费者便可以通过自己在镜头前的操控，有效地放大与缩小产品，与产品“近距离接触”。如果这一功能在美妆行业、珠宝行业普及开来，想必会给消费者带来更好的购物体验，提升用户选择的精准性。

2. 5G 网络让直播更垂直

随着用户使用手机频率的增加，与网络联通常用的有两种方式：手机网络与 WiFi。

目前大部分商家直播对 WiFi 还是有着依赖性的，如果主播在户外使用 4G 网络直播，则有可能会带来网络卡顿、画质降低的问题，只有连接上 WiFi 才会更加稳定。

这一问题影响到部分商家的直播体验，比如生鲜商家，想要走出直播间，来到果园探访原产地，这一内容想必更能吸引消费者，但网络环境却影响了直播效果，让很多主播没有走出去、播出去的勇气。

但是有朝一日，一旦 5G 商用，只要 5G 网络的覆盖性能得到提升，就会带来更加高效的网络环境，届时 WiFi 存在的必要性将会大大降低，只要是能接触到 5G 网络的地方，就能够提供稳定的直播内容。直播内容会更加丰富，不论是户外直播，还是走进乡间地头，只要有 5G 网络，就有直播可以看。同时直播也会变得更加碎片化，比如地铁广告、楼宇广告等深入线下用户群的广告系统，只要满足 5G 网络的存在和一方屏幕（或投影）展现，就可以成为直播的大舞台，不论消费者走到哪里，都能够看到丰富的直播内容。

曾有一个商家经营水产生意，开了一家销售水产生鲜的淘宝店铺，为了保证产品质量，商家希望让用户既能够看到前台主播的产品介绍和烹饪教学，又能够看到自己的发货质检系统，用户只需在直播间一键切换镜头，前台后场就都能看到，这该有多好。这样针对服务链的直播更能够给用户建立信心，但是很可惜，今天的系统并不能完美地实现他的需求。可是，只要 5G 普及后对淘宝直播的系统进行开发，用户就有可能在直播间完成一键切换，看到不同的直播场景，这样的直播内容转化能力一定会很强。

如果有些商家想要通过这样的方式来展现服务链，目前可以通过直播间植入视频的方式，录制一段产品上下游的视频，通过淘宝直播后台将视频添加到直播间，在直播间便可以实现视频和直播内容的同时存在，满足商家的内容展现，带给用户更多信息量的触达。

10.2 全民带货进行时

从 2019 年开始，有不少高校在电子商务专业中加入了主播技能培养的选修课程，主播作为一项新兴的职业，它的红利与发展得益于今天这个时代已经开启了全民直播的浪潮。与你擦肩而过的女生，很有可能就是快手的直播达人，拥有百万粉丝，主播已经成为不少男孩、女孩梦想的岗位。

全民带货时代的开启让直播能够更加下沉，不论是公域还是私域性质的带货都成为可能，直播体系健全，各平台开始不断地开发围绕着直播的各项功能。比如目前运营私域用户开始使用爱逛系统做直播，微信系统也许有一天也会开发出围绕着直播的各项功能，这时就不仅仅是拥有百万粉丝量级以上的 KOL 才能实现带货，而是人人皆可成为主播，人人皆可带货。

要想实现人人带货，第一需要解决货源问题，第二需要解决网络平台作为销售主体的主播信誉度问题，避免消费者在购买时出现产品质量问题无处追溯。

其实现在的达人直播形式就能实现“无囤货直播”，达人本身是不承载货源问题的，是达人成熟的招商体系，让商家能够对接用户，实现货找人的传输系统，满足达人直播的供货需求。

这一点，只要能够组织策划一场在线的大型选品会，不论是商家还是带货的主播，就都能够从中获益，完成选品、销售的在线流程。比如往年轰轰烈烈的“广交会”和“深交会”，因2020年新冠肺炎疫情也演变成了线上直播的形式。

假如有一天，有一场现实中的交易会议能够聚集所有的商家和销售主播，主播可以一边直播，一边通过各个展台的浏览实现现场挂链接销售，边订货边直播边卖货，这样的成效则能够实现三方受益。

关于主播的信誉度问题也很重要，随着网络体系和区块链的发展，我们即有机会拥有一个更加健全的数据库，通过数据能够打通每一位KOC主播的用户画像分析，并且能够查看到该主播带货的服务效果评分，商家通过用户画像的精准程度和主播带货的转化率数据分析，就能够合理判断出主播的带货能力如何。

消费者更需要这样的功能。如果未来每一位主播的背后都自带一个评分系统，来自消费者的评价、来自商家的评价、来自供应链的评价，都可以在该系统中实时展现出来，那么主播销售的产品是否存在大量的差评、是否有过高的退货率数据，就能够为消费者提供一定的参考：这位主播是否是一位值得我信任的主播，他的选品是否能满足我的真正需求，是否存在假冒伪劣产品的销售记录等。更完善的数据带来更好的信誉度，为消费者的选择提供了重要的消费保障。

你们一定记得，微信里有一个功能叫作“查看附近的人”，我们可以大胆设想，当直播功能逐渐健全以后，通过区域性搜索就能实时查看身边的直播间，就如同目前各大短视频平台中的“同城搜索”功能，你可以搜索距离自己最近的直播间——是销售自己制作的家常小菜，还是独立设计师的手工艺制品，这样的创意更让人感兴趣。

以前不论是商家还是主播，想要带货，首先得有一个销售平台，你可以选择在不同的平台上开一家自己的小店，再将图文详情页和直播形式嫁接在平台上。但是如果有了独立的个人带货平台，一步可跨过平台主体，直接由个人承载，作为主播，只要实现一定的用户承载和黏性即可，更简单、更直接、目的更明确。

这一未来发展趋势其实是在告诉商家，可以有意识地孵化自己的 KOC 团队，以重度垂直的形式，将私域流量汇集到一起，再孵化出适合拥有个人带货能力的主播群体，建立内容举证，呈发散状态进行内容营销体系的运维，也许会在未来 5G 到来时更具有先机。孵化出的团队一方面可以为自己的产品带货，另一方面也可以通过承接其他品类和产品的推广，带来更多的广告营收，双管齐下，提升公司的收益，不失为一种值得投资的长期战略计划。

10.3 满足个性化定制的柔性供应链

曾有一个广州的服装供应链负责人告诉我，只要帮他带货的主播有足够的销售能力，他的产品就可以根据主播的要求来定制，不论什么样的颜色和尺码，他都能够完成在 3 天之内交货 5000 件的目标。这就是我们在前面章节中提过的“柔性供应链”，所谓“天下武功，唯快不破”，柔性供应链的完善能够更加适应直播的高效带货，让货品以最快的速度到达用户的手中。

反观现在的服装品类市场，即便是有着充分供应链优势和粉丝转化优势的 TOP 级网红，在预售环节战线也依然很长，因为工厂需要先打板，再测算成本，加上生产周期，等待半个月的时间是很正常的，尤其是加工环节复杂的冬装，等待的周期会更长，这无形中会影响用户的购物体验。于是，在供应链端，跑赢用户等待的时间是每一个供应链负责人都需要考虑的服务优化环节。

很庆幸，我们能够看到今天供应链的突破和进步，不少服装加工厂提高了工作效率，加强了数十条流水线作业，为的就是服务好所承接的直播购买用户，主播只管尽心销售，供应链端可以提供充足的货品保障，出货速度让商家惊喜。

除了服装行业，其实只要是能够在直播间中有抢眼表现的品类，就可以通过供应链的优化来提升柔性供应能力，而且部分品类可以通过高效的生产链路，实现用户的个性化需求。比如家具品类，家具的颜色、材料等都可以根据消费者的需求去定制，商家可以一边直播销售，一边实时跟进订单，满足用户对家具的个性化需求，在3天之内完成产品的生产和组装，在5天之内，用户就可以收到这份独一无二的产品，真正做到了“因人而异”的个性化定制。

10.4　虚拟主播的横空出世

2020年5月1日，虚拟偶像洛天依的直播拉开了虚拟直播的序幕，受到了二次元用户的追捧，首场直播达到300万观看量，兼备话题热度和粉丝热度，洛天依的首场直播可以说是非常成功的，如图10-2所示。

图 10-2

随着中国动漫产业的飞速发展，越来越多的消费者认可并喜欢二次元的文化，他们对动漫中人物的熟悉程度甚至超过了现实中的明星。近两年火爆的动漫行业，也带动了一批新兴产业的发展。这一切让整个商业生态变得更加新鲜、更加年轻化。

可能有些用户不了解，虚拟偶像如何实现带货呢？他们其实与明星带货并无不同，只是载体转变了而已。

虚拟偶像也有自己的忠实粉丝，有属于自己的性格特征和人设定位，所以在对标相应类目的产品时，也能够获得一定的话语权。

我们可以大胆设想，虚拟 IP 未来也会走进直播间成为广大粉丝追捧的对象，这不仅仅限于我们所熟悉的迪士尼和漫威，还有更多国产 IP 如“熊大”“熊二”等，也能够在虚拟直播中获得一定的突破。

在美剧《黑镜》中，有一集就提到，目前通过技术可以实现人脸与动画形象的同步。通过在后台工作人员的脸上做技术处理，就可以实现前台的虚拟形象，同样的表情、动作，甚至输出的声音都是卡通形象独有的。

从品牌角度出发来思考，有很多品牌开创了自己的独立 IP，比如大家所熟知的国民零食品牌“三只松鼠”，从该品牌创立之初就以活泼可爱的动物形象吸引了消费者的眼球。这类虚拟偶像可以替代真人主播，成为直播间的常客。如果有一天该技术可以落地到直播间，商家便不再需要真实的主播，只需要后台的三个演员，通过技术同步形象到直播间，在直播间画面中便可出现热闹的三只松鼠的茶话会，一样实时回答消费者的问题，为产品代言。

这样的带货形式新颖又特别，在所有真人的直播间中异军突起，能够获得更好的关注度。IP 永远和直播间绑定在一起了。

从功能上说，这也能够解决部分商家的痛点，就比如当下的童装品牌商家，因为淘宝直播的规则要求，儿童模特并不能在直播间中经常出现，但是如果有了虚拟直播，在直播间就可以设置一个专属的儿童卡通形象，通过技术形式试穿该直播间的多种产品，让用户可以直观地感受到自己的孩子穿上衣服的效果，甚至虚拟形象的身高、体重也可以根据消费者自己的孩子进行设置，成功解决了模特无法上镜的问题。

虚拟主播的存在，在一定程度上满足了商家和用户的“差异化”需求，毕竟这是一个人人都想要“出圈”的时代，品牌也一样，如何在当下的商业环境中为消费者带来与众不同的体验，这是一个需要长期思考的命题。

不论目前直播发展程度如何，未来的直播一定拥有更加强势的生命力，它的演变形式和成长速度值得所有人期待。随着技术的发展、网络的进步和直播形式创意的展开，我们能够看到，未来的 3~5 年依然是直播高速飞驰的时间。在这段时间里，如何响应发展红利，为直播做好赋能，是每一个商家都应该全身心投入思考的问题。

从社会学的发展角度来看，人类并不能准确地推理出未来的样子，因为事物的发展永远不受当下的拘束，且人类的想象力又是如此有限。每一种营销形式的没落也好，兴起也好，都是时代发展的缩影，是社会文化进步的演变成果，它永恒进化，如新生事物替代旧事物一样，发展不会停滞，只是以更美好的样子走出来与消费者见面。

作为一个直播从业人员，相信很多人都与我一样，对直播充满了发自内心的热爱，在直播行业的发展上愿意投入最大的精力。我们这样的“星星之火”也会以爱为能量，汇聚出更值得期待的力量，让世界因直播而火热。